MANUEL
POUR LA NAVIGATION
EN ESCADRE

EXTRAITS
DE LA TACTIQUE NAVALE DE 1835.

E. M.
LIEUTENANT DE FRÉGATE.

PRIX 2 FR. 50 C.

TOULON
LAURENT, IMPRIMEUR LIBRAIRE,
Sur le Port.

1836.

MANUEL

POUR LA NAVIGATION

EN ESCADRE.

TOULON.

Imprimerie de L. LAURENT, sur le Port.

MANUEL
POUR LA NAVIGATION
EN ESCADRE.

EXTRAITS

DE LA TACTIQUE NAVALE DE 1832.

———

E. M.

LIEUTENANT DE FRÉGATE.

TOULON.

L. LAURENT, IMPRIMEUR-LIBRAIRE,
Sur le Port,

———

1836.

AVERTISSEMENT.

L'utilité du Recueil d'évolutions fait, il y a quelques années, par M. le commandant Casy, a été généralement reconnue. L'emploi d'un nouveau livre de signaux exigeait que ce Recueil fût retouché afin de pouvoir servir encore. Après m'être assuré que les occupations de M. le commandant Casy ne lui permettaient pas de s'occuper d'un pareil travail, et avoir été encouragé par lui à le faire, je livre ces extraits de tactique à l'impression.

Les développemens donnés au nouveau livre des signaux m'ont forcé à des augmentations et à des changemens. Ainsi j'ai rappelé les principes de la chasse nécessaires, d'ailleurs, aux formations d'ordres. J'ai fait choix, parmi les instructions générales pour la navigation en escadre, de tous les articles qui m'ont paru devoir être présens à l'esprit dans les circonstances pressées où l'on n'a pas le temps de recourir à la rare tactique du bord. — Les tables que l'on trouvera après les évolutions doivent servir à l'appréciation des distances dans une chasse ou dans un combat, et à la détermination de la durée des évolutions. Les durées des évolutions données à la suite de chaque évolution, sont empruntées à un travail de M. Charner, lieutenant de vaisseau, qui m'a autorisé à en faire usage. Travail trop peu connu et digne de l'instruction de cet officier.

Le texte qui accompagne la figure des évolutions a été abrégé autant que possible. Il sert à rappeler les principes plutôt qu'à les enseigner. — Quand à l'ordre que j'ai introduit parmi les évolutions, c'est celui que j'ai adopté depuis long-temps pour me les classer dans la tête. Il m'a paru offrir l'avantage de faire trouver promptement l'évolution qu'une armée peut exécuter suivant l'ordre dans lequel elle est actuellement rangée.—Le choix des signaux placés au commencement du livre supplée, d'ailleurs, entièrement, au classement dont je me suis écarté.

Quelques notes que je me suis permis d'ajouter aux extraits du livre des signaux, sont prises dans un travail assez étendu sur la tactique, travail auquel je me suis livré depuis plusieurs années et que je compte soumettre, plus tard, aux conseils de mes chefs et de mes camarades.

E. M.

SIGNAUX USUELS.

F. P. P.	SIGNAUX PARTICULIERS.
1..	Gouverner à l'aire de vent signalée.
2..	Serrer le vent.
3..	Arriver.
4..	Virer vent arrière.
5..	Virer vent devant.
6..	Augmenter de voiles.
7..	Forcer de voiles.
8..	Diminuer de voiles.
9..	Mettre en panne ou faire servir.
10..	Prendre son poste ou derrière le vaisseau signalé.
12..	Serrer la ligne et tenir son poste.
19..	Ralliement.
P.F.P.	
3.	Passer à poupe.
4.	Rectifier le relèvement et se tenir à la distance voulue.
7.	L'amiral est satisfait.
8.	idem mécontent.
P.P.F.	
16..	Répéter les signaux.
17..	On se trompe dans la répétition des signaux.
18..	Faire attention aux signaux.

P.P.F.

(8)

19   Vous courez sur un danger.

F.P.F.

5...   Exécuter l'ordre reçu.

F. .P.

1.   Renvoyer à l'art. de la tactique.
2.   Permission d'aller au mouillage.
4.   Mouiller où l'on se trouve.
7.   Votre manœuvre est indépendante.

F.P.P.

3.   Appareiller sans autre signal.
16.   Appeler le capitaine.
17   idem   un officier.

~~~~~~~

SIGNAUX GÉNÉRAUX.

P. 1.   Combattre, tirer sur l'ennemi.
2.   Serrer l'ennemi au feu.
6.   Porter les efforts sur le corps de bataille.
7.   idem   sur l'avant-garde.
8.   idem   sur l'arrière-garde.
9.   Aux vaisseaux qui ne combattent pas de
        se porter au feu.
10.   Traverser la ligne ennemie.
11.   Couper la ligne ennemie au vide qui se
        présente.
14.   Virer vent-arrière tous à la fois et gou-
        verner dans les eaux les uns des autr.
15.   Aborder l'ennemi.
18.   Signal d'exécution.
~~~~~~~

P. 19.   Ralliement général et absolu.
  G. 1..   On ne distingue pas le signal.
  G. 2..   Annuler le signal.   o
  G. 3..   On a distingué le signal. On ne le com-
                 prend pas.
  G. 4..   L'amiral rend sa manœuvre indépen-
                 dante.
  F. 1..   Appeler à l'ordre tous les bâtimens.
  F. 5..   Prévenir le matelot d'avant ou d'arrière
                 qu'on va diminuer de vitesse.
  F. 6.   idem   augmenter.
  F. 7.   Avertir qu'on ne gouverne plus, qu'on
                 va filer du câble ou qu'on chasse.
  F. 8.   Les signaux qui accompagnent celui-ci
                 donnent les mouvemens de l'ennemi.

P. 1. P. 2.   Ordre sur 3 colonnes au P. P. T. A.
                 Ordre naturel, la 2me escad. à droite.
      3.   Idem.....   id....... B. A.
      4.   Idem..... ordre renversé.. T. A.
      5.   Idem.....   id...... B. A.
      6.   Id. nat. largue, la 2me escad. à droite.
                 Route signalée.
      7.   Idem renv. largue.   id.   id.
      8.   Ordre de bataille naturel. T. A.
      9.   Id.......... id... B. A.
     10.   Id.......... renversé T. A.
     11.   Id.......... id... B. A.
     12.   Échiquier T. les amures à B.
     13.   id.   B.   id.   à T.
     14.   Ordre de marche sur la ligne du P. P. T.

P.ₐ.P.ₐ18. Prompt échiquier. Trib. les am. à B.
   19.   Id.   Bab.   id.   à T.
3.   4. Reprendre ou rectifier le dernier ordre
        signalé.

ÉVOLUTIONS.

Siganux.	Pages-	Signaux.	Pages.	Signaux.	Pag.
3. 5	63	4. 7	79	5. 17	89
6	64	8	86	18	90
7	65	9	87	19	90
8	69	10	88	20	61
9	72	11	86	6. 1	61
10	68	12	87	2	93
11	67	13	88	3	94
12	73	14	51	4	95
13	74	15	52	5	96
14	76	16	56	7	97
15	77	17	55	8	98
16	70	18	53	9	99
17	75	19	49	10	100
18	71	20	50	11	101
19	71	5. 1	57	12	102
20	81	2	54	13	103
4. 1	82	3	59	14	104
2	83	4	60	15	105
3	84	14	89	16	106
5	84	15	89	10. 15	107
6	78	16	89	16	108

6   17   Ordre à la colonne droite d'ouvrir la
      distance.

15. 17. Vaisseau à 3 ponts. — 18. Vais. de guerre
    19. Frégate de 1er rang. — 20. Frégate.
16. 1. Corvette. — 2. Aviso ou petit bâtiment
    3. bateaux à vapeur, — 4. bâtimens de
    commerce. — 5. Grand bâtiment de com-
    merce à batterie. — 6. Des bâtimens au
    mouillage. — 8. Des embarcations enne-
    mies.

G.3.P.18. Le bâtiment signalé va prendre un mau-
    vais mouillage.
P.4.G.2. L'amiral signale le rhumb de vent qui va
    servir de ligne de relèvement
5.G.2. Id. L'aire de vent où l'on doit gouver.
9.G.2. L'amiral va prendre la tête de l'armée.
10.G.2. Id.....   la queue.
13.G.2. Id.....   le centre.
14.G.2. L'aire de vent d'où l'amiral juge que le
    vent souffle.
15.G.2. Id. d'où il va souffler.
16.G.2. Orienter au P.P.T.A. —
17.G.2. Id. B.A.
18.G.2. Prendre le même bord que l'amiral.
G.1.G.2. Tous les ris largue.—G.3.G.2. 2 ris en-
    semble,—G.4.G.2. Tous les ris pris.
P.2.G.3. Trois ris aux huniers.—P.3.G.3. 2 ris.
    P.4.G.3. Le ris de chasse. —P.5.G.3
    Le ris des basses voiles. —P.6.G.3. Le
    ris de la grande voile.
P.8.G.3. Permission de naviguer sans ordre.
11.G.3. S'élever au vent en route libre.

16.G.3. Chaque capitaine est libre de sa manœuvre pour la sureté de son bâtiment.
G.2.G.3. L'amiral aura toute la nuit la même voilure.
P.19.G.3. Au vaisseau de tête de diminuer de voiles
G.2.G.4.   Id. à toute l'armée.
G.1.P.1.P.2. Au vaisseau de tête d'augmenter de voiles
5.   Id. à toute l'armée.
10. A toute l'armée de forcer de voiles.
14. Serrer le perroq. de foug.---15.Petit hunier. --- 16. Grand hunier. --- 17. Les
huniers sur le ton. --- 18. Le grand
hunier amené et la misaine.--- 19.De
la voile pour gouverner.---20.Huniers
et perroquets.
G.1.P.2.P.1. Huniers à mi-mât. ---2.Misaine et grand
hunier. --- 4. Les huniers.---5.Basses
voiles et grand hunier.---6. 2 huniers
et misaine. --- 7. Voiles majeures. ---
8. Bass. voil.---9. Voil. maj. et perroq.
10. Perroquet de fougue sur le mât.
11. Toutes voiles dehors.
G1.P3.P11. Le point de midi précédent.
G1.P6.P11. L'armée mouillera sur une ligne déter-
minée par le relèvement et la distance.
G1.P8.P1. Virer à pic.
7. Se préparer à appareiller.
9. Abattre sur T. en appareillant.
10.   Id.   sur B.   id.
11. Appareiller sans autre signal.
12.   Id. tout à la fois. --- 13. successivem^t.

Gı. Pg. P3. Mettre les canots à la mer. --- 4. Les
            embarquer.
     6.   Id. les chaloupes à la mer. --- 10. id.
     8.   Id. les chaloupes et les canots à la mer.
            --- 10. id. les embarquer.
Gı.Pıo.Pg. Voie d'eau.
    11.   Le feu à bord. --- 13. Est éteint.
Gı.Pı6.P3. Gréer les perroquets. --- 4. Dégréer.
     5.   Caler ou guinder les mâts de perroquets.
     6.   Les dépasser.
     7.   Amener les basses vergues.
     8.   Caler les mâts d'hune
    14.   Déverguer la grande voile. --- 15. Id. la
            changer.
    17.   Id.   la misaine. --- 18. la changer.
    19.   Id.   gr. hunier. --- 20.   id.
Gı.Pı7.1.   Id.   p^t hunier. --- 2.   id.
     3.   Changer la vergue du grand hunier.
    14.   Id.   du petit hunier.
Gı.Pı9.13. Appeler les capitaines.
    18.   Id.   les officiers chargés des signaux
    19.   Id. celui du détail ou dont on met le n^u
P8.Gı.P6. Renvoyer à l'art. des instructions géné-
            rales désigné par un signal numéraire.

DÉFINITIONS.

La tactique est l'art de faire mouvoir les vaisseaux réunis en corps d'armée. — Elle détermine les ordres dans lesquels une armée doit se ranger et les mouvemens qu'elle doit faire suivant les diverses circonstances de la navigation et du combat (*T. p.* 339).

Les mouvemens d'une armée pour changer les ordres entr'eux, les rétablir et les former, s'appellent *évolutious*.

Lignes du PP. — Font avec le lit du vent des angles de 67°—3o' ou 6. q.— Il y en a deux. Ligne du P.P.B. — ligne du P.P.T.

Lit du vent. — Direction dans laquelle souffle le vent.

Perpendiculaire du vent. — Perpendiculaire à la direction précédente.

Eaux d'un vaisseau. — Direction opposée à sa route.

Travers d'un vaisseau.—Perpendiculaire à la quille passant par le grand mât

Chef de file. — Premier vaisseau ou vaisseau conducteur d'une ligne. —*Serre file*. --Dernier vaisseau (*T. p.* 379).

RÉPARTITION DES FORCES.

Une armée navale se divise en trois escadres qui

chacune ont leur amiral. L'amiral se place d'ordinaire au centre de son escadre.

Dans une armée nombreuse, l'amiral peut former une quatrième escadre, dite *escadre légère*, destinée à éclairer la marche, chasser et harceler l'ennemi, et agir comme réserve. Elle doit se composer de vaisseaux forts et bons voiliers. Elle navigue quelquefois à part et a son commandant particulier (*T.* 377).

Le poste des frégates chargées de la répétition des signaux, est par le travers des commandans des escadres auxquelles elles appartiennent, étant en ligne de file, et dans tous les autres cas, dans une position à bien faire apercevoir les signaux (*T.* 101).

Les corvettes répétiteurs se tiennent ordinairement à deux encâblures dans la hanche du vent des commandans d'escadre.

Les avisos se placent à portée de voix dans la même direction.

Avec vent-arrière, les petits bâtimens se tiennent indifféremment d'un bord ou de l'autre; ils sont attentifs à ne pas gêner la manœuvre des bâtimens qui auraient à parler à l'amiral.

Tous ces bâtimens doivent être attentifs à ne point gêner la manœuvre des vaisseaux (*T.* 102).

ORDRES.

On appelle *ordres*, la manière dont les vaisseaux sont rangés pour la navigation et le combat (*T. p.* 380).

Les ordres propres en particulier au combat, sont appelés *ordres de bataille*.

Ceux dont on fait usage dans le cours ordinaire de la navigation et en présence de l'ennemi, comme ordres préparatoires, s'appellent *ordres de marche*.

Les ordres de bataille sont :

Les lignes de bataille au P.P.

Les lignes de file sur la perpendiculaire du vent.

Les ordres de marche sont :

La ligne de file ou de convoi. — La ligne de file sur une ligne du P.P. — L'ordre de marche sur 2 ou 3 colonnes. — Les échiquiers sur les deux lignes du P.P. — Les ordres de marche sur les deux lignes du P.P. — Les ordres de marche sur la perpendiculaire du vent. — L'ordre de front. — Les ordres de chasse et de retraite. — Ordre de marche par pelotons.

Quel que soit l'ordre dans lequel l'armée est rangée, les vaisseaux ont un poste qui leur a été désigné d'avance dans la ligne, depuis le chef de file jusqu'au serre-file. Toutes les fois que le chef de file dirige la ligne et qu'il est suivi par les autres vaisseaux placés aux postes désignés d'avance, l'ordre est *naturel* : si le serre-file devient chef de file, et qu'il soit suivi des vaisseaux dans un ordre opposé, l'armée est en ordre *renversé*.

CHASSE.

Le problème de la chasse est celui-ci : joindre, par le chemin le plus court et en s'éloignant de lui le moins possible, un bâtiment qui cherche à échapper.

Il faut d'abord chercher à déterminer, 1° la force de l'ennemi; 2° la distance qui sépare les deux bâtimens; 3° lequel a l'avantage du vent; 4° lequel a l'avantage de marche.

1° *Force de l'ennemi.* --- S'apprécie par l'habitude et avec de bonnes longues-vues. Les méthodes d'approximation sont trop vicieuses pour mériter quelque confiance.

2° *Distance qui sépare les deux bâtimens.* --- Mesurer, avec un instrument à réflexion, l'angle sous lequel on aperçoit le bâtiment chassé, et résoudre un triangle rectangle.--- Si la distance est grande et le bâtiment en partie noyé, faire la somme des dépressions pour la hauteur où on est placé, et pour celle du point de la mâture ennemie aperçue à l'horizon : cette somme donne la distance en minutes et secondes. Ex. à 21 p. au-dessus de l'eau, on aperçoit à l'horizon la hune d'un bâtiment estimée 60 p. au-dessus de l'eau. La somme des dépressions, pour ces deux hauteurs, donne la distance cherchée.

2° *Avantage du vent.* --- Deux bâtimens placés sur la perpendiculaire du vent sont également au vent, c.-à-d. qu'avec une marche égale et courant des bords contraires, ils se rencontreraient au point d'intersection des deux routes. Celui des deux navires qui relève l'autre sous le vent de la perpendiculaire du vent, est au vent et lui passerait de l'avant, à bord opposé, les marches égales.

4° *Avantage de marche.* --- Si les deux bâtimens courent dans les eaux l'un de l'autre, chacun d'eux mesurera la hauteur angulaire de la mâture de l'autre : si l'angle augmente, la distance diminue ; si l'angle diminue, la distance augmente.

Si les deux bâtimens courent sur des routes parallèles, chacun des deux relève l'autre au compas, et s'aperçoit ainsi s'il le laisse de l'arrière ou s'ilgagne de l'avant. --- Dans les routes faisant un angle entre elles, il faut combiner ces deux moyens.

CHASSE. --- *Le chasseur au vent.* --- Le chasseur relève le chassé au compas, et fait route vers lui le plus qu'il peut en le tenant toujours, cependant , au même rhumb de vent. Il le joint ainsi par une ligne droite.

Le chasseur sous le vent. --- Il prend la bordée qui le rapproche le plus du chassé. Il vire ensuite, sur le bord parallèle, qund il a le chassé par son travers ; sur le bord opposé, il vire après avoir relevé le chassé dans le lit du vent et avant de l'avoir par son travers ; d'autant plus près de ce dernier relèvement que sa marche est plus grande par rapport à celle du chassé. C'est ce qui résulte de la formule

$$\frac{Sin.\ A}{Sin.\ B} = \frac{V - V'\ cos.\ M}{V' + V\ cos.\ M}$$

que donne le calcul pour le rapport des angles que doivent faire les routes des deux navires avec le vent, au moment où la distance qui les sépare est la plus petite possible à contrebord. Formule dans laquelle V et V'sont les vitesses des deux navires, et M l'angle des deux routes entr'elles.

Il est d'autant plus important de modifier ainsi la règle donnée par le livre des signaux, que le chasseur ne se trouve plus obligé de virer aussi souvent, ce qui est toujours désavantageux.

Les viremens étant désavantageux (ce qui est facile à prouver, en estimant ce qu'un bâtimant gagne au vent en virant et ce qu'il aurait gagné dans le même temps en continuant sa route), un navire chassé doit toujours chercher à faire virer le chasseur plus souvent que lui ; pour cela, il devra virer lui-même toutes les fois que le chasseur, après avoir couru le bord contraire, viendra de virer pour reprendre le bord parallèle. Ce dernier se verra forcé alors de virer de nouveau, s'il ne veut pas s'éloigner. Il fera ainsi trois viremens tandis que le chassé n'en fera que deux --- Cette manœuvre conviendra surtout à un petit bâtiment chassé par un grand, parce qu'il vire très promptement et que les viremens lui sont moins désavantageux qu'à son antagoniste.

Arrivé à petite distance, le chasseur prolonge sa dernière bordée parallèle, ou de manière à avoir le chassé sur la perpendiculaire du vent, afin de lui couper la route, ou jusqu'à l'avoir sur l'autre ligne du P.P.. afin de ne plus virer que dans ses eaux, où il l'attaquera avec avantage.

On suppose toujours que le chasseur a la supériorité de marche ; sans cela la chasse ne peut avoir de résultat.

ÉVOLUTIONS.

On appelle *évolutions*, les mouvemens qu'exécutent les vaisseaux d'une armée pour:

Former un ordre;
Passer d'un ordre à un autre;
Rectifier un ordre troublé par une cause quelconque.

Nota. Dans les durées des évolutions écrites en abrégé, L signifie la longueur de la ligne de bataille; l, la longueur d'une colonne. Ces deux quantités sont données par la table 4. —

N signifie le nombre des vaisseaux de la ligne de bataille, et n le nombre des vaisseaux d'une colonne.

Dans les instructions générales, T, entre parenthèse avec un nombre, indique l'article des instructions générales du livre des signaux ; et T.p. indique la page du livre des signaux à laquelle on renvoie.

Dans les évolutions T.--B.--A.--col.--P.P.-- sont les abréviations de tribord, babord, amures, colonnes, plus-près. Les renvois entre parenthèses indiquent les articles recueillis avant les évolutions sous le titre d'*extraits des instructions générales.*

EXTRAITS

DES INSTRUCTIONS GÉNÉRALES

POUR LA NAVIGATION EN ESCADRE (1).

(1) Imiter immédiatement l'amiral dans tout ce qu'il fait d'apparent. — Veiller son vaisseau et ses répétiteur (T.3).

2. L'officier chargé de la timonerie veille aux signaux pendant le combat. — Dans le cours ordinaire de la navigation, l'officier de quart les veille et est responsable de leur exécution (T.6).

3. Si l'amiral tire à boulet sur un bâtiment, les vaisseaux à portée tirent aussi (T 17).

4. A moins qu'on ne se serve du pavillon d'exécution, l'instant où l'on amène le signal est le moment d'exécuter l'ordre.

S'il y a le pavillon d'exécution, le signal est exécuté quand on amène ce pavillon, bien que le signal reste battant.

____

(1) On a choisi, parmi les articles donnés anx instructions générales dans le livre des signaux, ceux qu'il est le plus important d'avoir présens dans le cours ordinaire de la navigation.

Si le signal se fait à coups de canon, on doit exécuter l'ordre au dernier coup de canon du dernier répétiteur, qui est un des commandans d'escadre (T. 23).

5. Si un vaisseau rencontre un danger, il le signalera aussitôt, tirera un coup de canon et fera la manœuvre convenable pour éviter ce danger.

Il signalera en même temps, s'il y a urgence, le mouvement que l'armée doit exécuter pour s'éloigner. L'armée répétera ce signal, et l'exécutera, à moins d'ordres contraires.

Si c'est pendant la nuit, le signal se fait à coups de canon ; l'armée obéit immédiatement au signal, sans attendre que l'amiral ait répété (T 42).

6. Il est défendu aux vaisseaux en ligne de mettre en panne sans ordre, à moins de pouvoir justifier cette infraction par une nécessité urgente (T. 141).

7. Aucun vaisseau ne doit quitter son poste sans ordre, si ce n'est pour éviter un abordage ou pour mettre en panne à côté de la ligne, si un homme est tombé à la mer — (T. 142).

8. Lorsqu'un vaisseau fait chapelle, il doit prendre les amures à l'autre bord le plus promptement possible pour s'élever et ne pas déranger l'ordre. S'il ne peut reprendre son poste sans gêner les autres vaisseaux, il se mettra à la queue de la ligne, à moins d'ordres contraires (T. 144)

9. Le bâtiment qui fait chapelle pendant la nuit, portera, outre ses feux de position, un feu en tête

du mât de misaine, aussi long-temps qu'il sera au bord opposé à l'armée (T. 52).

10. Si l'armée met en panne, les vaisseaux qui ne sont point à leur poste en profitent pour le reprendre (T. 145).

11. Les vaisseaux mettront sur le mât les mêmes voiles que l'amiral. La panne, en escadre, est généralement celle sous le grand hunier.

Les vaisseaux veilleront, en ayant constamment des hommes sur les bras, à se maintenir aussi régulièrement en ordre lorsque l'armée est en panne, que lorsqu'elle fait route (T. 146).

12. Dans quelqu'ordre que se trouve l'armée, qu'elle soit en panne ou sans ordre, aucun vaisseau ne doit croiser la route d'un autre en passant de l'avant à lui, à moins qu'il n'y ait aucun risque de l'aborder. Un bâtiment qui en croiserait ainsi un autre serait responsable des événemens (T. 153).

13. Tout vaisseau qui sera obligé, pour serrer la ligne, d'augmenter ou de diminuer de vitesse, pourra en prévenir son matelot d'AR. ou d'AV. en hissant l'une des flammes 5 ou 6. --- La nuit, si l'on ne doit pas cacher les feux, il pourra montrer un fanal (T. 156).

14. En ligne, si l'amiral fait un changement notable à sa voilure, ou signale d'augmenter ou de diminuer de voiles, les frégates répétiteurs se mettront à la voilure de l'amiral, et s'y maintiendront jusqu'à

ce qu'elles s'aperçoivent que le mouvement est compris sur toute la ligne.

Les capitaines auront par là, d'après la connaissance qu'ils doivent avoir de la marche relative de leurs vaisseaux, une donnée suffisante pour établir leur voilure (T. 162).

15. Aucun signal de chasse, de route libre ou autre quelconque, ne doit être compris dans le sens d'autoriser une séparation, à moins d'un ordre de l'amiral, et sauf le cas où il faudrait dérober à l'ennemi la connaissance de la position de l'armée. — Il est, au contraire, ordonné à tous les capitaines d'être très attentifs à ne point se séparer de l'armée (T.165).

16. Si l'amiral quitte le centre de la ligne ou de la colonne pour prendre un autre poste, les vaisseaux qui venaient après lui se serrent pour remplir la lacune (T. 166).

17. Lorsque deux vaisseaux se rencontrent courant à contrebord, ils viennent tous deux sur tribord, c.-à.-d. que celui qui a les amures à B. cède le vent à celui qui les a à Tribord (T. 152).

FORMATIONS D'ORDRES.

18. Dans toute formation d'ordre, le vaisseau-amiral est le régulateur.

Ce que chaque vaisseau doit connaître, c'est son relèvement et sa distance par rapport au régulateur.

Le relèvement est indiqué par le signal.

La distance est égale à la somme des distances entre les vàisseaux intermédiaires, plus la somme des longueurs de ces mêmes vaisseaux (T. p. 389).

19. On apprécie la distance en mesurant avec un instrument à réflexion, l'angle sous lequel on aperçoit le vaisseau-amiral et ayant recours à la table.

20. Chaque vaisseau manœuvre indépendamment pour prendre son poste le plus vîte possible et par le plus court chemin (T.p. 389).

21. Le régulateur facilite le mouvement par sa manœuvre, en laissant porter pour mettre les vaisseaux sous le vent, à même de prendre leurs postes.

Si le vaisseau régulateur est obligé de courir largue pendant quelque temps pour mettre à leur poste les vaisseaux sous le vent, les autres vaisseaux ne devront pas prendre ses eaux, mais ils chercheront seulement à l'amener dans la direction de la ligne sur laquelle l'armée doit se former, de manière à être dans ses eaux quand il mettra en route.

22. Le bâtiment qui chasse son poste est au vent ou sous le vent de ce poste.

S'il est au vent, il relève ce poste au compàs et le tient toujours au même rhumb de vent, en faisant route vers lui le plus possible (T.p. 344).

Si le vaisseau est sous le vent de son poste et que la ligne soit au P.P., il prend le même bord que l'armée et ne revire que pour prendre son poste.

C.-à.-d. Si la ligne marchait aussi vîte que le vaisseau qui chasse, celui-ci ne devrait virer qu'au moment où il releverait son poste sur la perpendiculaire du vent.

Si la ligne est en panne, il aura viré quand il aura relevé son poste sur l'autre ligne du P.P.

Et en supposant, ce qui est le cas général, que la ligne marche avec une vitesse quelconque, le vaisseau qui manœuvre pour prendre son poste se rapprochera de l'une ou l'autre de ces deux règles, suivant le rapport de sa marche à celle de l'armée (T.P. 389 et 347).

23. Il est recommandé de faire le moins de bords possibles, afin de ne point perdre de temps, les viremens étant toujours désavantageux. Si cependant le vaisseau est très éloigné de son poste, il ne doit pas trop prolonger les bordées qui l'éloignent de l'armée, afin de ne pas laisser échapper les occasions favorables dues aux variations du vent (T.p. 347).

24. Une armée devant toujours être en ordre, les vaisseaux se formeront à la sortie du port (à moins que l'amiral n'en dispose autrement) sur deux ou trois colonnes, ordre naturel, suivant que cette réunion de vaisseaux se compose de moins de neuf, ou de neuf et au-delà (T. 133).

25. Dans tout ordre de bataille, les vaisseaux de tête en nombre égal au tiers des vaisseaux actuellement réunis, se regardent comme composant l'avant-garde actuelle et obéissent aux signaux qui s'adressent à cette escadre.

Il en sera de même pour les deux autres escadres (T. 135).

26. A moins d'ordres contraires, la distance d'un vaisseau à l'autre, dans le cours de la navigation, sera

par un temps vàriable, de deux encâblures. Le jour,
cette distance pourra être réduite à moitié, et même
à moins, dans quelques circonstances, afin d'accou-
tumer l'armée à manœuvrer très serrée (T. 137).

27. Dans l'ordre de bataille, il est recommandé
aux vaisssaux de se tenir à 1 encâb. les uns des autres,
si une autre distance n'est pas prescrite, et d'être très
attentifs à leur vitesse, pour ne jamais se trouver
forcés (moins encore dans cette circonstance que dans
toute autre), de sortir de la ligne ou de la troubler
par de brusques mouvemens.

L'armée étant en bataille régulièrement formée, si
l'amiral répète le signal de serrer la ligne, les vaisseaux doivent s'établir à portée de voix pour se tran-
smettre de l'un à l'autre les ordres qu'ils viendraient
à recevoir (T. 138).

28. Il est défendu à tous les vaisseaux de dépasser
leurs matelots d'avant, à moins que celui-ci ne se
trouve hors de la ligne, auquel cas on devra le doubler au vent ou sous le vent, suivant sa position,
pour aller occuper le poste qu'il aurait ainsi négligé
de garder (T. 149).

29. Dans une format o1 ou mouvement quelconque, les vaisseaux ne passeront pas au vent de ceux
qui les doivent précéder. Ils arriveront même, s'il est
nécessaire, afin de faciliter leur manœuvre.

Mais si le vaisseau qui doit précéder ne prend pas
le poste qu'il doit occuper, il est expressément ordonné au vaisseau qui suit de le doubler sous le vent
et de le remplacer (T. 150).

30. Dans la formation de la ligne de bataille par rang de vîtesse, les vaisseaux qui, par la supériorité de leur marche, pourront en doubler d'autres, le feront sans hésiter ; mais ils auront soin de passer sous le vent pour ne pas les retarder (T. 151).

31. L'armée règle sa position, sa vîtesse et ses mouvemens, sur l'amiral, à moins qu'il n'ait rendu sa manœuvre indépendante, et l'amiral règle ordinairement sa marche sur celle du plus mauvais marcheur qui doit toujours porter toute la voile que le temps permet.

Il résulte de ce principe, qu'en ligne les vaisseaux qui précèdent l'amiral règlent leur vîtesse sur leur matelot d'arrière, tandis que les vaisseaux qui suivent l'amiral se règlent sur leur matelot d'avant.

Si l'amiral prend la tête de la ligne ou s'il ordonne au chef de file de régler la vîtesse de l'armée, tous les vaisseaux se régleront sur leur matelot d'avant (T. 157).

32. Si l'amiral fait un mouvement, soit après un signal, soit sans signal, tous les vaisseaux doivent manœuvrer en conséquence pour se maintenir au poste relatif qui leur est assigné (T. 159).

33. Le chef de file d'une ligne ou d'une colonne sera très attentif à se maintenir exactement à la route et sous la voilure prescrite par l'amiral.

Si l'on doit être au P.P., il portera, suivant les circonstances et le temps et à moins d'ordres contraires, un 1/2 quart ou même un quart largue afin

(31)

qu'il soit plus facile à toute l'armée de se maintenir bien formée (T. 167).

34. Dans quelqu'ordre que soit l'armée, les vaisseaux qui tiennent la place de l'avant-garde doivent se considérer comme s'ils composaient à demeure cette escadre et obéir aux signaux qui lui seraient adressés. — Il en est de même des deux autres escadres.

Si l'armée est en échiquier ou en ordre de marche sur une des deux lignes du P.P., on considérera comme avant-garde les vaisseaux qui se trouveraient à la tête de l'armée si elle venait à se ranger en bataille sur cette ligne.

En marche sur une ligne de relèvement, les vaisseaux de l'extrémité *à droite de l'amiral* représentent l'avant-garde (T. p. 389).

CHANGEMENS D'ORDRES.

35. Le passage d'un ordre à un autre peut s'exécuter de deux manières :

Par un mouvement successif ou contre-marche.

Par un mouvement simultané ou tout à la fois.

(T. 168.)

36. *Contre-marche.* — Les vaisseaux viennent exécuter au même point le changement de direction ordonné et prennent ensuite les eaux du chef de file.

Chaque vaisseau doit autant que possible parcourir les mêmes eaux que son matelot d'avant (T. p. 391 et art. 168).

37. Quel que soit le mouvement qui s'exécute par la contre-marche :

Si la nouvelle allure tend à donner de la vitesse,

les vaisseaux de queue serrent la distance et ceux de tête diminuent de voiles après, ou pendant le mouvement pour que la ligne ne s'étende pas (T. A. 171).

Si, au contraire, la nouvelle allure diminue la vitesse, les vaisseaux de tête augmentent de voiles après l'évolution, et les autres n'augmentent pas de voiles afin que la ligne ne s'engorge pas (T. A. 172).

38. *Mouvemens tout à la fois.* — Les vaisseaux ne peuvent commencer leur mouvement tous, rigoureusement, au même moment. Il en résulterait de graves inconvéniens, surtout dans un virement vent devant.

La règle est qu'aucun vaisseau ne doit commencer le mouvement ordonné avant que le vaisseau qui doit évoluer avant lui n'ait marqué sa manœuvre (T. p. 392 et A. 168).

39. Un vaisseau est dit avoir marqué sa manœuvre lorsque le commencement de son mouvement peut être aperçu a bord du vaisseau qui doit évoluer après lui.

Le changement de direction du vaisseau occasionné par la mise en action du gouvernail, la manœuvre des focs ou de la brigantine, les voiles mises en ralingue peuvent être regardés comme des commencemens d'évolutions quand les vaisseaux doivent laisser porter ou virer vent-arrière.

Mais si les vaisseaux doivent virer vent-devant, la manœuvre du matelot d'avant n'est suffisamment marquée que quand ses voiles sont coiffées (T. A. 170).

40. *Du vaisseau qui commence l'évolution.* —

1° Dans un mouvement de contre-marche si l'armée est en ligne de file, le chef de file commence l'évolution.

2° Dans un mouvement tout à la fois :

Si l'armée est en ligne de file, c'est le serre-file qui commence l'évolution.

Si l'armée est en ligne de relèvement, c'est le vaisseau qui n'en voit pas d'autre du côté où l'on va mettre le cap (1) (T. p. 390).

41. Une armée rangée sur une ligne de relèvement exécute rarement un mouvement de contremarche. Si elle doit le faire, le vaisseau qui doit commencer le mouvement est indiqué par l'ordre dans lequel l'armée va se ranger.

42. Lorsque l'amiral signale d'ouvrir ou de serrer la distance entre les colonnes, cette manœuvre s'exécute par un mouvement d'ensemble, sous la direction du commandant d'escadre, la colonne se transportant parallèlement à elle-même, pour revenir en route quand l'amiral amène le signal (T. 173).

43. L'armée étant sur deux ou trois colonnes, si l'une d'elles doit arriver et aller parallèlement à elle-même, se mettre en ligne avec une autre, elle sera dirigée d'après les indications du chef de file, si elle doit se placer en arrière, ou d'après celles du serre-file, si elle doit se placer en avant. Ce vaisseau par-

---

(1) Ainsi en échiquier si l'on vire vent-devant tout à la fois, c'est le chef de file qui commence. Si l'on vire vent-arrière, c'est le serre-file.

venu au relèvement et à la distance prescrits l'indique par le trapèze 1, et le commandant de l'escadre fait alors le signal de tenir le vent tout à la fois(T. 174).

44. Si, au lieu d'arriver, la colonne eût dû se mettre en ligne avec une colonne placée au vent, elle aurait eu deux fois à virer de bord vent-devant tout à la fois, toujours dirigée par les indications du chef de file. Ce vaisseau étant parvenu au relèvement et à la distance prescrits, l'indique par le trapèze 1, et le commandant de l'escadre fait alors le signal de virer vent-devant tout à la fois (T. 175).

45: Dans un mouvement ordonné qui doit commencer par la tête ou par la queue, si le vaisseau qui doit commencer le mouvement, tardait à obéir au signal, le vaisseau le plus près de lui l'exécute, pourvu, toutefois, qu'un abordage n'en puisse pas résulter (T.150).

RÉTABLISSEMENT DES ORDRES.

46. Après une chasse, un calme, un gros temps, une saute de vent, enfin, après une cause quelconque de désordre, le dernier ordre signalé est toujours celui auquel on doit se rallier, si l'amiral n'en dispose pas autrement (T. 134).

47. Lorsque l'amiral signale l'ordre ou la position dans laquelle l'armée navigue, il ordonne par là à chaque vaisseau de concourir à rectifier l'ordre actuel (163).

48 .Lorsque les vents refusent ou adonnent de plus

de 4q, il convient de changer d'amures avant de rectifier l'ordre (T. 176).

49. C'est une règle générale qu'après une évolution quelconque, on doit immédiatement rectifier l'ordre sans en attendre le signal, en se formant sur le vaisseau-amiral, si on est sur une seule ligne, ou sur le commandant de l'escadre, si on est par colonnes.

Ordres de bataille.

1.	8.	Ordre de bataille	naturel	T.A.	} *fig.* 1.
1.	10.	id.	renversé	T.A.	
1.	9.	id.	naturel	B.A.	} *fig.* 2.
1.	11.	id.	renversé	B.A.	

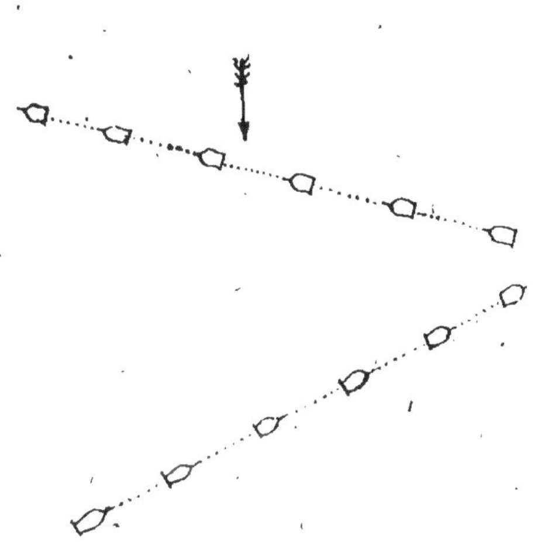

Les vaisseaux au P.P., dans les eaux les uns des autres, à la distance signalée. — Le vaisseau régulateur laisse porter pour mettre le vaisseau le plus sous le vent à même de prendre son poste (de 18 à 35).

Ordres de bataille.

1. 16.   Ligne de file sur la perpendiculaire
         du vent. Ordre naturel......T.A.*fig.*1.

1. 17.   id...........B.A.*fig.*2.

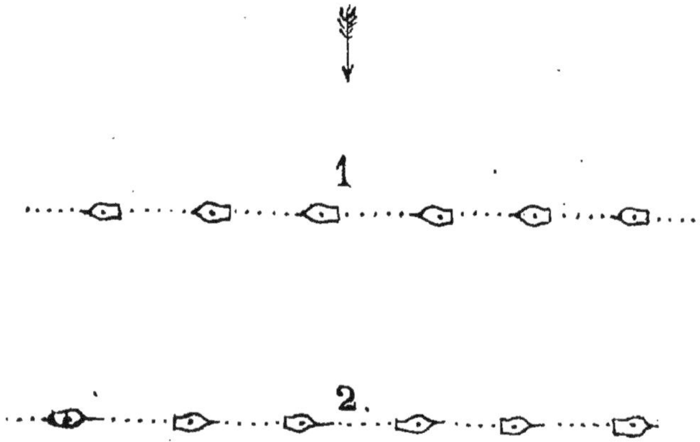

1

2

Les vaisseaux avec le vent du travers dans les eaux
les uns des autres. (de 18 à 35).

Ordres de marche.

| 2. | 3. | Ligne de convoi. | Ordre naturel. |
| 2. | 4. | Id. | renversé. |

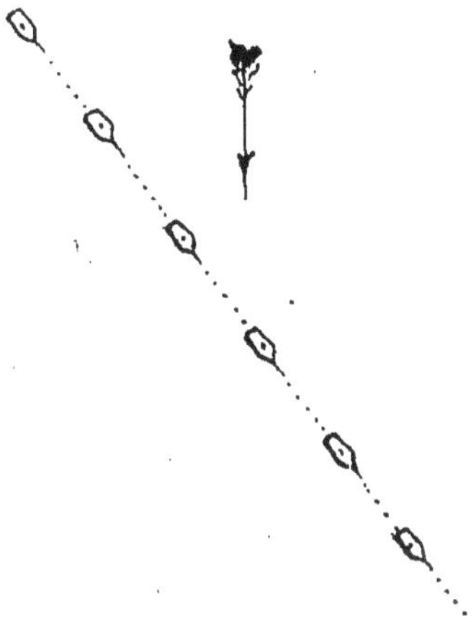

Le chef de file fait route à une aire de vent donnée;
les autres vaisseaux gouvernent dans ses eaux.

Si l'amiral signale qu'il prend la tête, le chef de
file dans l'ordre naturel, ou le serre-file dans l'ordre
renversé, manœuvre pour prendre ses eaux.

Si l'amiral ne fait pas de signal, il se place au
centre.

Ordres de marche.

Ordre de marche sur deux colonnes, au P.P. ou largue.

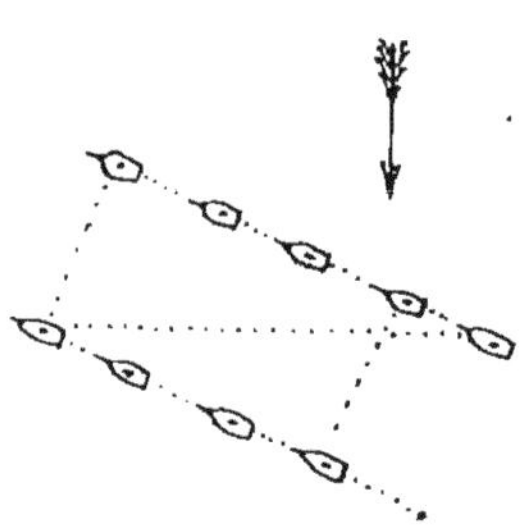

Les vaisseaux dans chaque colonne à la distance prescrite. — Les chefs de file par le travers l'un de l'autre, et relevant le serre-file de la colonne voisine à 2q. de l'Ar.—Les vaisseaux dans la 2e colonne par le travers des vaisseaux correspondans de la 1re.

Si l'armée était divisée en trois escadres, la première colonne se composerait de la première escadre et de la première moitié de la troisième, y compris le commandant ; et la deuxième colonne, de la deuxième escadre et de la seconde moitié de la troisième escadre.

P.2.P.9. Pour faire passer la deuxième escadre à gauche.

Trapèze 1 pour que l'ordre soit renversé dans chaque colonne, quand les colonnes sont au P.P.

Ordres de marche.

Ordre de marche sur trois colonnes au P.P., ou largue, la deuxième escadre à droite.

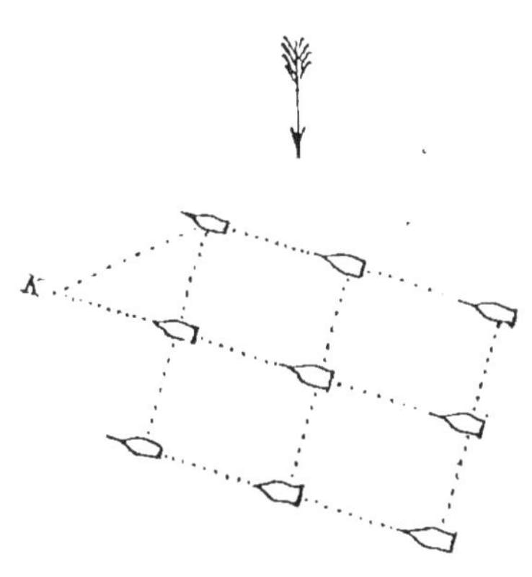

Les vaisseaux à la distance prescrite. — Les chefs de file par le travers les uns des autres, relevant le serre-file de la colonne voisine à 2 q. de l'arrière. — Les vaisseaux des deux colonnes de droite et de gauche par le travers des vaisseaux de la colonne du centre.

P.2.P.9. Pour faire passer la deuxième escadre à gauche.

NOTE 1.

Ordres de marche.

1. 12.   Echiquier sur la ligne du P.P.T., les am.
à B.

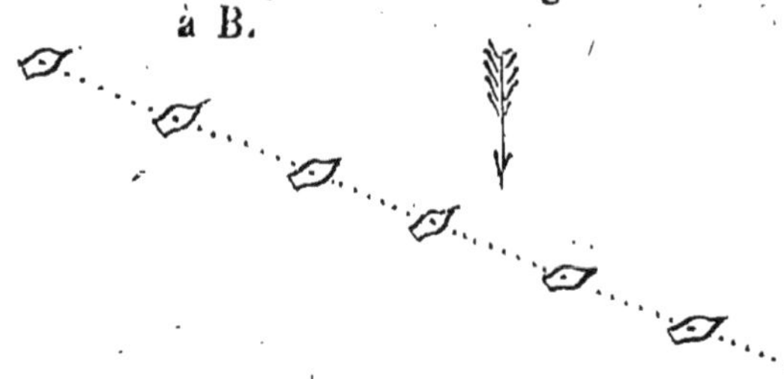

Les vaisseaux prennent les am. à B. et manœuvrent
pour relever sur la ligne du P.P.T. chacun le vaisseau
qui doit être son matelot d'avant dans la ligne de
bataille T. amures.

Si le signal est seul, c'est que l'ordre doit être
renversé dans la ligne de bataille. La deuxième escadre se place à droite de la première, et chaque
vaisseau doit relever son matelot d'arrière habituel
sur la ligne du P.P.T.

Si le signal d'ordre est accompagné du signal à la
deuxième escadre de se placer à gauche de la première, l'ordre doit être naturel dans la ligne de bat.
Chaque vaisseau relève son matelot d'avant ordinaire
sur la ligne du P.P.T.

En tout cas, l'extrémité de gauche représente l'a-
vant-garde (T. p. 389)

C'est le relèvement et non l'amure qui donne le
nom à l'échiquier (T. p. 386).

Ordres de marehe.

1. 13. Echiquier sur la ligne du P.P.B., les am.
à T.

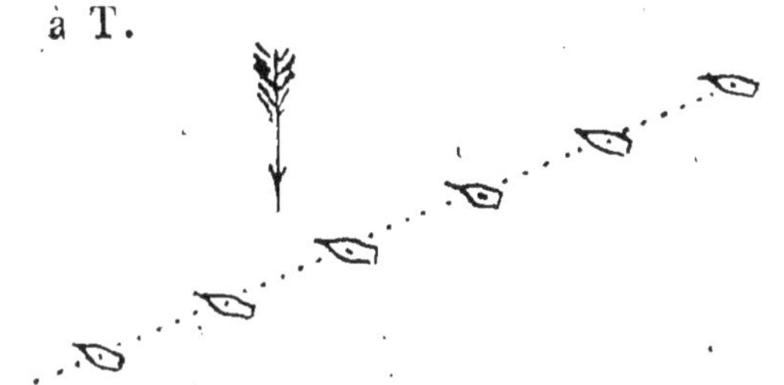

Les vaisseaux prennent les amures à T. et manœuvrent pour relever sur la ligne du P.P.B. chacun,
le vaisseau qui doit être son matelot d'avant dans la
ligne de bataille B. Am.

Si le signal est seul, c'est que l'ordre doit être naturel dans la ligne de bataille. La deuxième escadre
se place à droite de la première, et chaque vaisseau
relève son matelot d'av. habituel sur la lig. du P.P.B.

Si le signal d'ordre est accompagné du signal à la
deuxième escadre de se placer à gauche de la première,
alors l'ordre doit être renversé dans la ligne de bat.
Chaque vaisseau relève son matelot d'arrière ordinaire
sur la ligne du P.P.B.

En tout cas, c'est l'extrémité de droite qui représente l'avant-garde (34).

C'est le relèvement et non l'amure qui donne le
nom à l'échiquier (T. p. 386).

Ordres de marche.

1 . 14.   Ordre de marche sur la ligne du P.P.T.,
la route à l'aire de vent signalée.

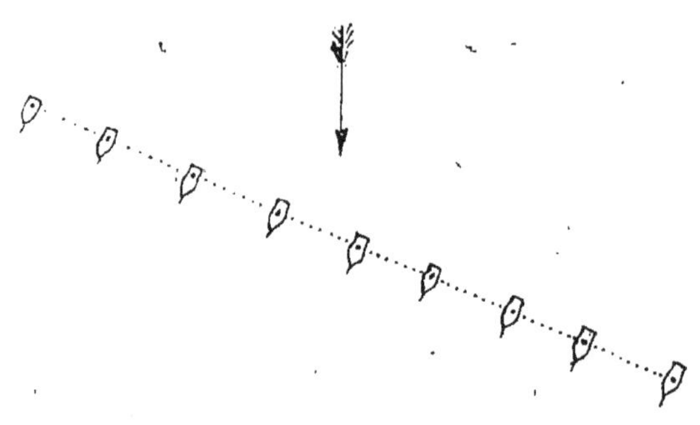

Le régulateur se met à la route signalée. Les vaisseaux manœuvrent pour relever sur la lig. du P.P.T., chacun, le vaisseau qui doit être son matelot d'avant dans la ligne de bataille T. Am.

Si le signal est seul, c'est que l'ordre doit être naturel dans la ligne de bat. La deuxième escadre se place à droite, et chaque vaisseau doit relever son matelot d'avant habituel sur la ligne du P.P.T.

Si le signal de formation est accompagné du signal à la deuxième escadre de se placer à gauche de la première. l'ordre doit être renversé dans la ligne de bataille. Chaque vaisseau doit relever son matelot d'arrière habituel sur la ligne du P.P.T.

L'extrémité qui serait à la tête de la ligne en serrant le vent T. am., est l'avant-garde (34).

Ordres de marche.

1. 15.   Ordre de marche sur la ligne du P.P.B.,
         la route à l'aire signalée.

Le régulateur se met à la route signalée. Les vaisseaux manœuvrent pour relever sur la lig. du P.P.B.,
chacun, le vaisseau qui doit être son matelot d'avant
dans la ligne de bataille B. am.

Si le signal est seul, c'est que l'ordre doit être renversé dans la ligne de bataille. La deuxième escadre
se place à droite, et chaque vaisseau relève son matelot d'arrière habituel sur la ligne du P.P.B.

Si le signal de formation est accompagné du signal
à la deuxié,me escadre de se placer à gauche de la
première, l ordre doit être naturel dans la lig. de bat.,
et chaque vaisseau relève son matelot d'avant habituel sur la ligne du P.P.B.

L'extrémité qui serait à la tête de la lig. en serrant
le vent B. am. est l'avant-garde (34).

Ordres de marche.

1. 18.   Ordre de marche sur la perpendiculaire du vent.

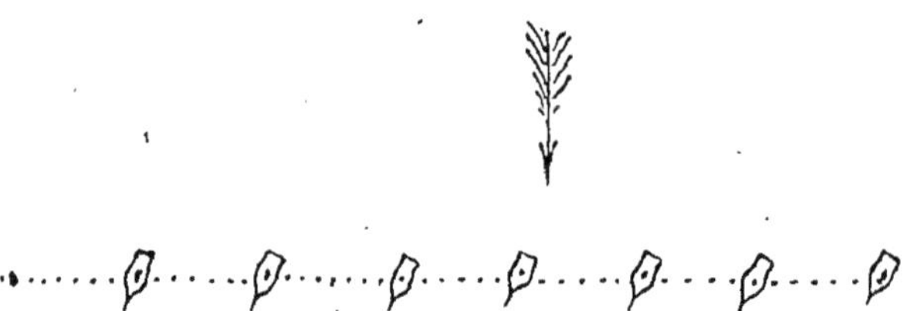

Les vaisseaux faisant route à l'aire de vent signalée, doivent se ranger de manière à relever chacun le vaisseau qui doit être son matelot d'avant sur la perpendiculaire du vent.

Sans autre signal, la deuxième escadre se place à droite. L'ordre serait naturel en venant sur T.—Renversé en venant sur B.

Si la deuxième escadre reçoit l'ordre de se placer à gauche, l'ordre est naturel en venant sur B.—Renversé en venant sur T.

Dans cet ordre, l'extrémité de droite représente l'avant-garde, jusqu'à ce que l'armée serre le vent d'un bord ou de l'autre (34).

Ordres de marche.

1. 19. Ordre de front.

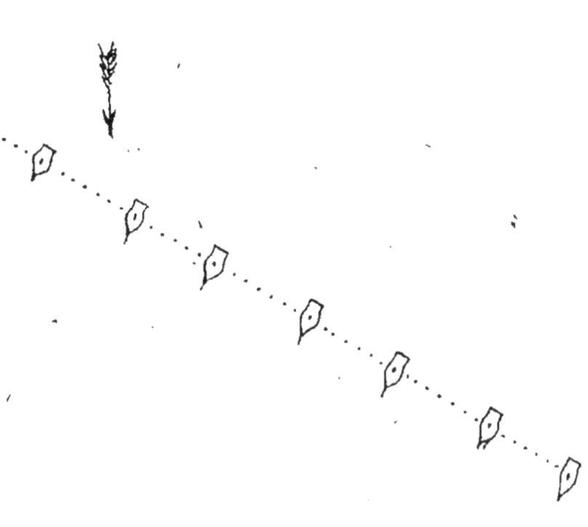

Les vaisseaux font route à l'aire de vent signalée,
et manœuvrent pour relever par le travers, chacun le
vaisseau qui doit être son matelot d'avant; la deuxième escadre à droite, à moins d'ordre contraire.

L'extrémité de droite représente l'av.-garde (34).

2. 14. Prompt ordre de front.

CHANGEMENS D'ORDRES.

Les changemens d'ordre peuvent être classés comme il suit (1) :

1° Changer les ordres de bataille entr'eux.

2° Passer des ordres de marche sur une ligne aux ordres de bataille.

3° Passer des ordres de bataille aux ordres de marche sur une ligne.

4° Evolutions sur deux ou trois colonnes sans changer l'ordre.

5° Passer des deux ou trois colonnes à l'ordre de bataille au P.P.

6° Passer des deux ou trois colonnes à la ligne de file sur la perpendiculaire du vent.

7° De l'ordre de bataille au P.P. aux deux ou trois colonnes.

8° De la ligne de file sur la perpendiculaire du vent aux deux ou trois colonnes.

9° Evolutions relatives à l'ordre de chasse et à l'ordre de retraite.

---

(1) Cette division a été adoptée afin de faciliter la recherche de l'évolution qu'une armée peut exécuter suivant l'ordre dans lequel elle est rangée.

Changer les ordres de bataille entr'eux.

4. 19. De l'ordre de bataille au P.P. au même ordre
à l'autre bord virant vent devant par la
contremarche. — Sans renverser l'ordre.

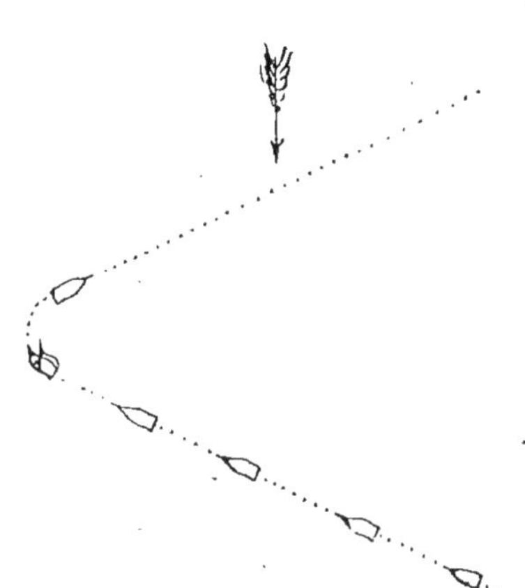

Le premier vaisseau vire. — Le deuxième vire au
vent du premier.

Les vaisseaux impairs virent dans les eaux du premier vaisseau. — Les vaisseaux pairs dans les eaux
du second.

Les vaisseaux n'augmentent de voiles qu'au moment de virer, si cela est nécessaire pour assurer
leur évolution, et, ensuite, doivent en diminuer pour
ne pas étendre la ligne (37).

Durée. — Temps de virer vent devant ┼ L au P.P.
avec la vitesse de l'armée.

NOTE 2.

5

Changer les ordres

1. 20. De l'ordre de bataille au P.P. au même ordre
à l'autre bord, virant vent arrière par la
contre-marche. — Sans renverser l'ordre.

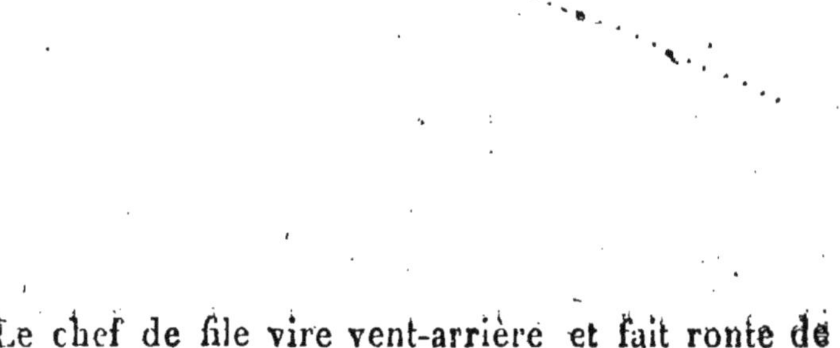

Le chef de file vire vent-arrière et fait ronte de
manière à passer à poupe du serre-file, où il serre
le vent. — Les autres vaissseaux suivent par la contre-
marche.

Les vaisseaux diminuent de voiles pendant qu'ils
sont largue (37).

Durée. — T. dévirer vent Ar. ┼ 1 fois 1/2 ℔.

de bataille entr'eux.

4. 14. De l'ordre de bataille à celui à l'autre bord,
renversant l'ordre, virant vent devant tout
à la fois.

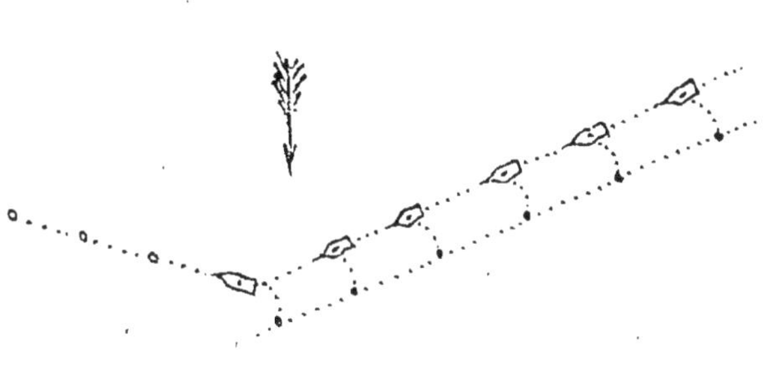

Les vaisseaux virent vent-devant tous à la fois
Le serre-file serre le vent et force de voiles. Les autres courent 4 q. largue et viennent au vent par la
contre-marche.

Le serre-file marque le premier sa manœuvre. —
Les vaisseaux diminuent de voiles pendant qu'ils sont
largue (de 37 à 40).

Durée $=$ virement vent devant $+$ N 2^{m} $+$ L
au P.P.

Changer les ordres

4. 15. De l'ordre de bat. à celui à l'autre bord
renversant l'ordre, virant lof pour lof
tout à la fois.

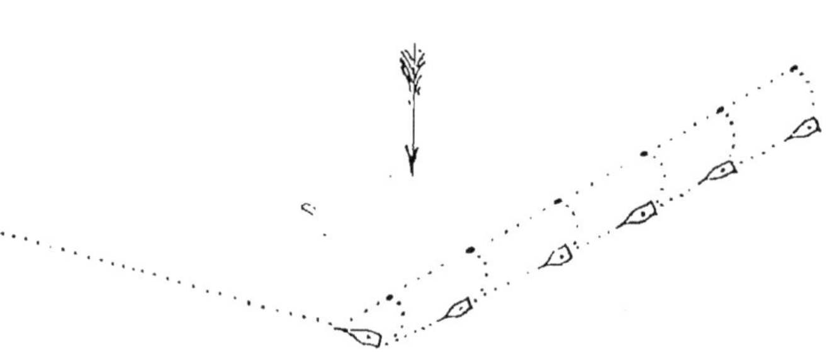

Les vaisseaux virent vent Ar. tous à la fois. — Le
serre-file serre le vent et force de voiles. — Les autres vaisseaux courent 4 q. largue et viennent au vent
par la contre-marche.

Le serre-file commence l'évolution. — Les vaisseaux diminuent de voiles pendant qu'ils sont largue
(de 37 à 40.)

Durée. $=$ Virement vent arrière $+$ $N.$ 10^s $+$ L
au P. P.

de bataille entr'eux.

4. 18.   De l'ordre de bat. à la ligne de file sur l'autre ligne du P. P. par une contre-marche.

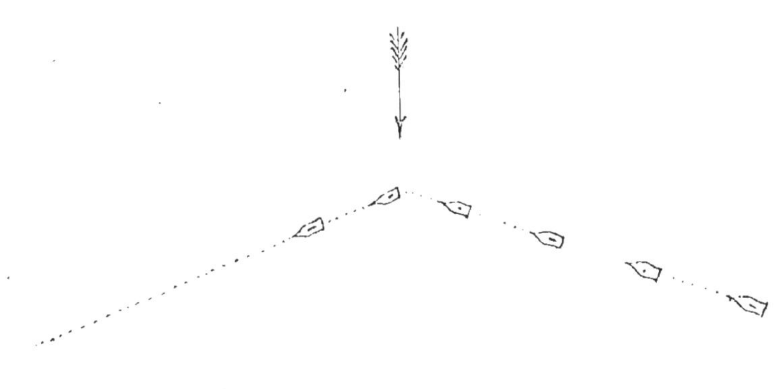

Le chef de file laisse porter de 4 q., les autres
vaisseaux suivent par la contre-marche (37). — Quand
le serre-file est sur la nouvelle ligne, l'amiral signale
ou la route, ou de serrer le vent aux mêmes amures
pour former un échiquier — ou de virer vent arrière ou vent devant pour former la ligne de bataille.
— L'ordre y est renversé.

Durée. — Pour former la ligne de bat. $= L$ au
P. P. $+$ virement vent Ar. $+$ $N.$ 10^s.

Ou L au P. P. $+$ virement vent devant $+$ $N.$ 2^m.

Changer les ordres

5. 2. De l'ordre de bat. au même ordre à l'autre bord renversant l'ordre, par un mouvement d'ensemble.

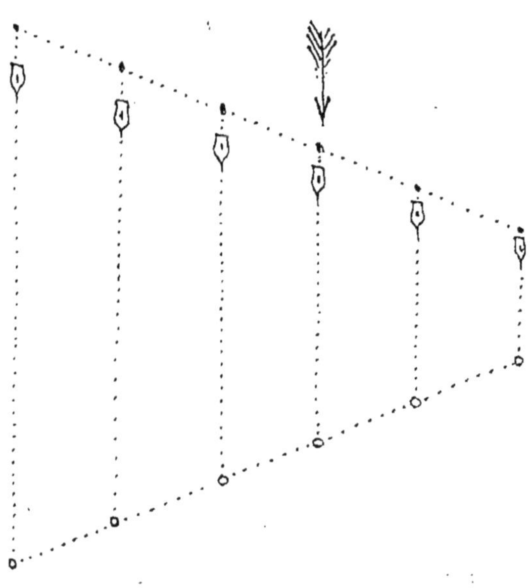

Toute l'armée fait vent-arrière. Le chef de file, sous toutes voiles ; le serre-file n'en ayant que pour gouverner ; les autres vaisseaux en faisant proportionnellement à leur distance des vaisseaux extrêmes. Quand tous les vaisseaux sont rendus sur la nouvelle ligne, ils se règlent sur l'amiral en se relevant sur la nouvelle ligne du P.P.

Durée $= 0,77\ L +$ virement vent-Ar. $+ n.\ 20^8$,

de bataille entr'eux.

4. 17. De l'ordre de bat. à la ligne de file au même
bord, renversant l'ordre.

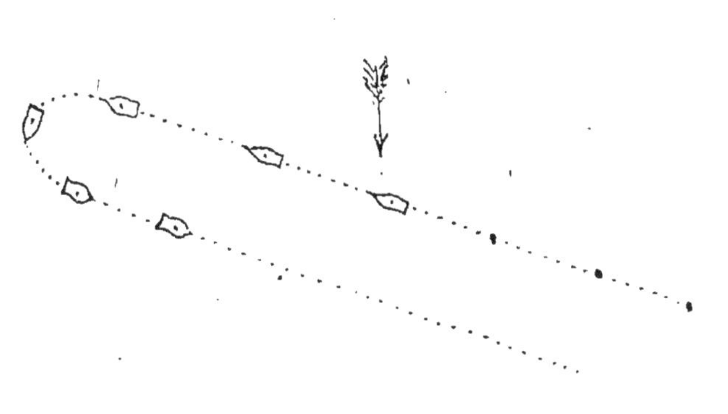

Le chef de file vire lof pour lof et gouverne 4 q.
largue. Les autres vaisseaux suivent par la contre-
marche (37).

8. 18. Faire tenir le vent à l'armée tout à la fois.
— L'armée sera en échiquier.

8. 7. Virer vent devant tout à la fois.

8. 9. Virer vent-arrière tout à la fois.

L'armée sera en bataille aux mêmes amures que
précédemment. — L'ordre sera renversé.

Changer les ordres

4. 16. De l'ordre de bataille actuel au même ordre
à l'autre bord, en changeant la place
des escadres.

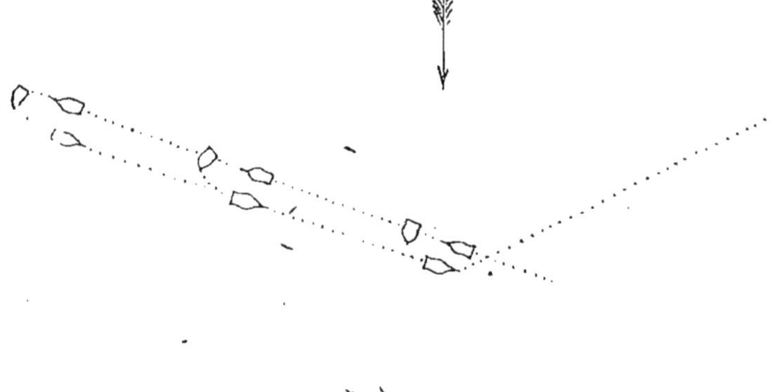

Les chefs de file des trois escadres virent vent ar‑
rière et sont suivis des vaisseaux de leur escadre
par la contre-marche. Le chef de file de l'arrière‑
garde serre le vent à poupe du serre-file de son es‑
cadre; les autres chefs de file ne viennent au vent
qu'après être parvenus dans les eaux du serre-file de
l'arrière-garde.

de bataille enrr'eux.

5. 1.   De l'ordre de bat., de la ligne de file ou de
        l'ordre de marche sur une ligne du P. P.
        à l'ordre de marche sur la perpendiculaire
        du vent. Mouvement d'ensemble.

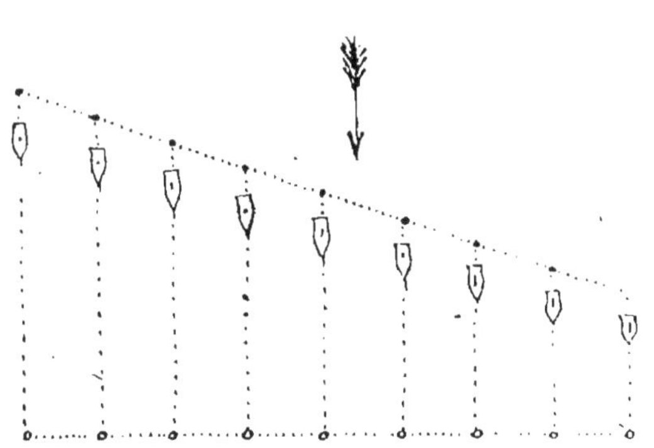

Tous les vaisseaux font vent arrière, le chef de
file sous toutes voiles, le serre-file avec la voilure
nécessaire seulement pour gouverner. Les autres
vaisseaux font de la voile proportionnellement à
leur distance des deux vaisseaux extrêmes.

Des ordres de marche sur une ligne

De la ligne de convoi à un des ordres de bataille, sans renverser l'ordre.

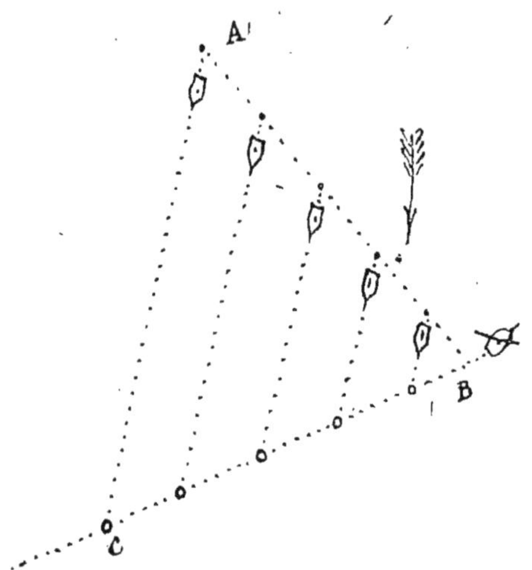

Le vaisseau de tête met en panne du bord que l'armée doit prendre (12). Les autres vaisseaux viennent tous à la fois sur T. pour former la ligne de bat. B. am., ou sur B. pour la ligne de bataille T. A. de 8q — 1/2 X, X étant l'angle de la ligne de convoi avec la ligne nouvelle de relèvement

Les vaisseaux font de la voile en raison de leur éloignement du vaisseau de tête qui sert de pivot, et mettent en panne à mesure qu'ils le relèvent sur la nouvelle ligne dn P. P.

Note 3.

aux ordres de bataille.

5. 3. De l'échiquier sur une ligne à l'ordre de bataille du même bord que les amures.

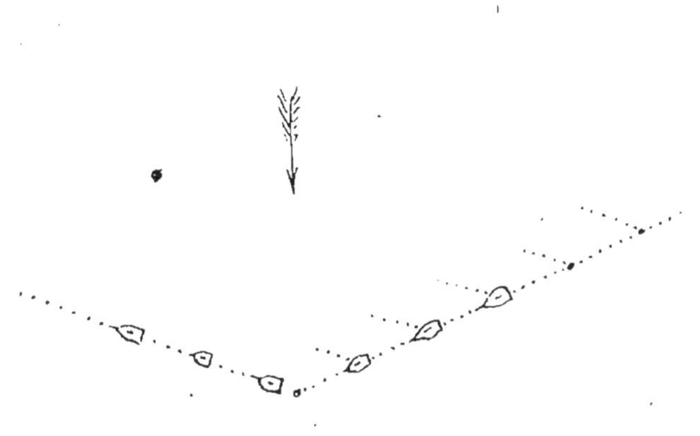

Le vaisseau de droite pour l'échiquier sur la ligne du P. P. T., ou le vaisseau de gauche pour l'échiquier sur la ligne du P. P. B., continuent au P. P. — Les autres courent 4 q. largue et viennent au P. P. par la contre-marche. — Les vaisseaux diminuent de voiles pendant qu'ils sont largues.

Des ordres de marche sur une ligne

5, 4, De l'échiquier sur une ligne du P.P. à la ligne de file sur la perpendiculaire du vent, aux mêmes amures.

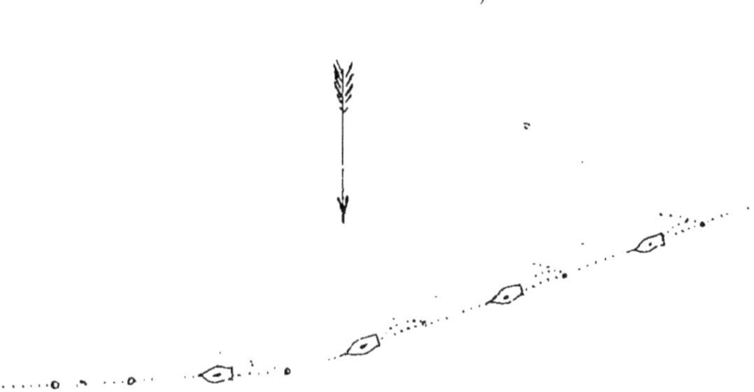

Le vaisseau de droite pour l'échiquier sur la ligne du P.P.T., ou le vaisseau de gauche pour l'échiquier sur la ligne du P.P.B., laisse porter de 2 q. — Les autres vaisseaux courent 4 q. largue et viennent par la contre-marche sur la ligne de file perpendiculaire au vent dans les eaux du chef de file (37).

aux ordres de bataille.

5. 20.   De l'ordre de front à la lig. de bat. T. A.
6.   1.   id.   B. A.

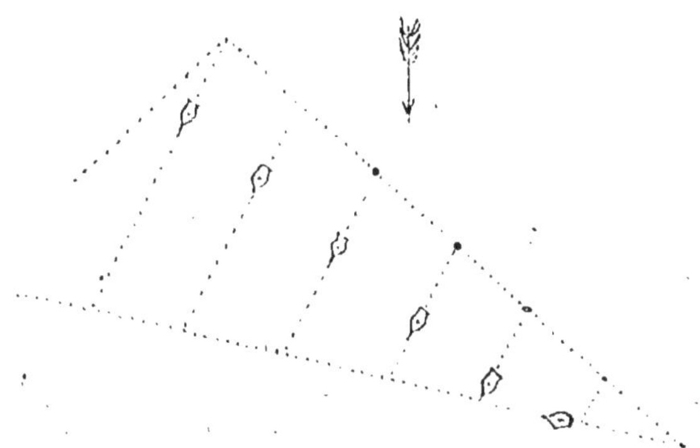

Pour passer à la ligne de bataille T. A.

Le vent à 2 q. de l'Ar. T. — Les vaisseaux viennent au vent simultanément.

Le vent à plus de 2 q. de l'Ar. T. Le vaisseau de
gauche met en panne. Les autres portent d'un angle,
= 1/2 *angle du vent et de la route*—1 q· faisant de la
voile à proportion de leur distance du pivot, et mettent en panne à mesure qu'ils arrivent à le relever
sur la ligne du P. P. T. — Quand le dernier vaisseau
arrive sur le relèvement, il serre le vent T. A.,
et tous les autres vaisseaux font servir successivement pour le suivre.

Pour passer à la ligne B. A., changer T. en B. et
B. en T. dans les détails qui précèdent.

6

Des ordres de bataille aux ordres de marche

Ces évolutions sont peu importantes. Elles se font hors de vue de l'ennemi.

Pour passer des lignes de bataille aux échiquiers, ce sont de simples viremens simultanés ; et pour changer les lignes de bataille en lignes de file, on emploie des contre-marches.

Le seul cas qui pourrait présenter quelqu'intérêt, serait celui où l'armée, rangée en ligne de bataille, voudrait passer à l'ordre de front qui le plus souvent est un ordre de retraite.

Dans ce cas, la route étant donnée, le vaisseau du centre s'y met seul, et les autres manœuvrent comme pour rétablir un ordre de front troublé par une variation de vent.

On trouvera le détail de cette évolution aux rétablissemens des ordres (page 102).

Évolutions sur 2 ou 3 colonnes
sans changer l'ordre.

3. - 5.   Des 2 où 3 colonnes au P. P. au même
ordre à l'autre bord, chaque colonne
virant vent-devant par la contre-marche.

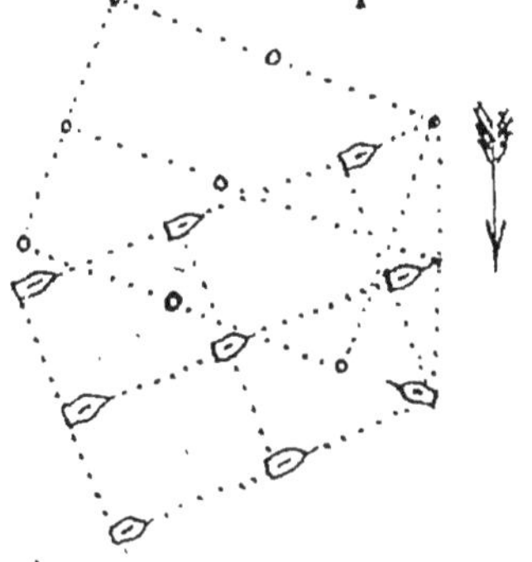

Le chef de file de la colonne sous le vent vire le
premier. — Les vaisseaux de sa colonne le suivent par
la contre-marche.

Le chef de file de la colonne du centre envoie de
manière à être établi à l'autre bord quand il sera par
le travers du premier chef de file (1).

La troisième colonne manœuvre de même.

Nota. Dans les circonstances ordinaires, c'est-à-dire avec
une vitesse de 2 nœuds 1/2 à 7 nœuds, un bâtiment qui
veut virer vent-devant de manière à se trouver, après avoir
viré, par le travers d'un autre bâtiment qui court à contrebord, doit envoyer de 4 à 5 encâblures avant d'être par son
travers (calculée pour un vaisseau de 80, cette règle doit être
modifiée suivant les longueurs des bâtimens).

Évolutions sur 2 ou 3 colonnes.

3. 6. — Des 2 ou 3 col. au P.P. au même ordre
à l'autre bord, chaque colonne virant
vent arrière p. la contre-marche.

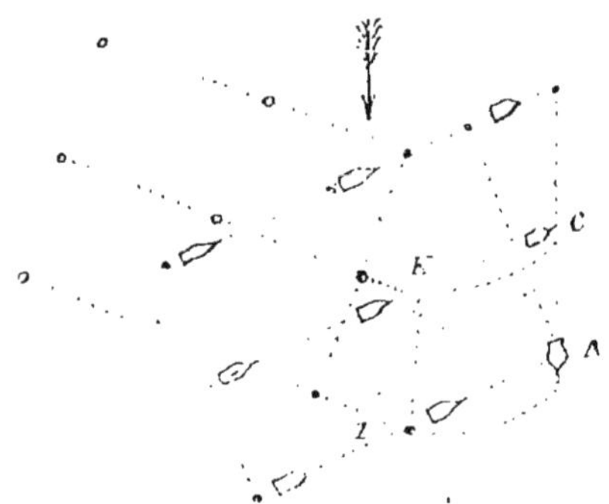

Le chef de file de la colonne sous le vent vire le
premier vent Ar. — Les vaisseaux de sa colonne le
suivent p. la contre-marche.

Le chef de file de la colonne du centre vire quand
il relève le chef de file de la colonne sous le vent dans
le lit du vent. — Les vaisseaux de sa colonne le suivent p. la contre-marche.

La colonne du vent manœuvre par rapport à la col.
du centre. comme celle-ci par rapport à celle sous
le vent.

Les chefs de file serrent le vent à poupe du serre-
file de leurs colonnes.

$$\text{Durée} = \text{Virement lof p. lof} + \frac{11}{6} \text{ de L.}$$

NOTE 4,

sans changer l'ordre.

3.   7.   Des 2 ou 3 colonnes au P·P. au même or-
       dre à l'autre bord, les vaisseaux virant
       lof p. lof tout à la fois et se formant sur
       les serre-files.

Les vaisseaux virent vent arr. tous à la fois (40).
— Ils gouvernent 4 q. largue dans les eaux les uns
des autres.

Le serre-file de la colonne du vent, devenu serre-
file, serre le vent de suite. Les vaisseaux de sa col. le
suivent p. la contre-marche. — Cette colonne doit
beaucoup diminuer sa vitesse.

Le serre-file du centre devenu chef de file, gouverne sur la perpend. du vent aussitôt qu'il a viré,
fait de la voile et vient au P.P., quand il est par le
travers du chef de file du vent. — Les vaisseaux de
sa colonne le suivent p. la contre-marche.

Même manœuvre pour la colonne sous le vent. —
elle doit forcer de voiles.

Durée $=$ virement vent arr. $+ N\,10^{5} + 8/5\,L.$

Des 2 ou 3 colonnes.

On peut placer à l'avant-garde la colonne du vent ou celle sous le vent. Les évolutions de ce chapitre peuvent alors être classées ainsi qu'il suit:

Passer des 3 colonnes au P. P. à la ligne de bataille au P. P. au même bord.

1.º *La colonne du vent à l'avant-garde.*

2.º *La colonne sous le vent à l'avant-garde.*

Passer des 3 colonnes au P. P. à la ligne de bataille au P. P. à l'autre bord.

1.º *La colonne du vent à l'avant-garde*

2.º *La colonne sous le vent à l'avant-garde.*

Passer des 3 colonnes largue ou vent-arrière à la ligne de bataille au P. P.

Il y a plusieurs moyens d'exécuter chacune de ces évolutions, les plus importantes de la tactique.

Quand l'armée est sur deux colonnes, plusieurs de ces évolutions deviennent inutiles.

à l'ordre de bataille au P.P.

3. 11. Des 3 ou 2 colonnes au P.P. à la ligne de
bataille, même bord, la colonne du vent
à l'avant-garde. — Les deux autres se
formant sur elle par 2 viremens de bord.

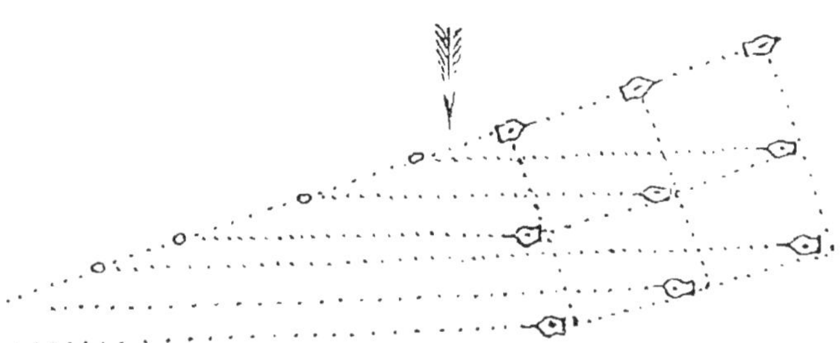

La colonne du vent continue sa route en ne conservant que la voile nécessaire pour gouverner.

Celle du centre vire tout à la fois; et quand le chef
de file est dans les eaux de la colonne du vent, il en
fait le signal (44). Le commandant de la colonne la
fait virer, et elle se met à la même voilure que l'av.-g.

La colonne sous le vent manœuvre comme celle du
centre, mais force de voiles et largue un peu pour
ne pas la gêner (art. 40 et 41).

Les frégates préviennent quand l'arrière-garde a
viré, pour que la ligne fasse de la voile.

Durée $= 2$ viremens vent-devant $+ n\ 4^{m} + 9^{l8}$
de L au P.P. avec de la voile (N étant le nombre des
vaisseaux de la colonne sous le vent.

Des 2 ou 3 colonnes

3. 10.   Des 3 colonnes au P.P. à la ligne de bat.
au P.P., même bord. la col. du vent à
l'av.-garde, se formant surla col. du cent.

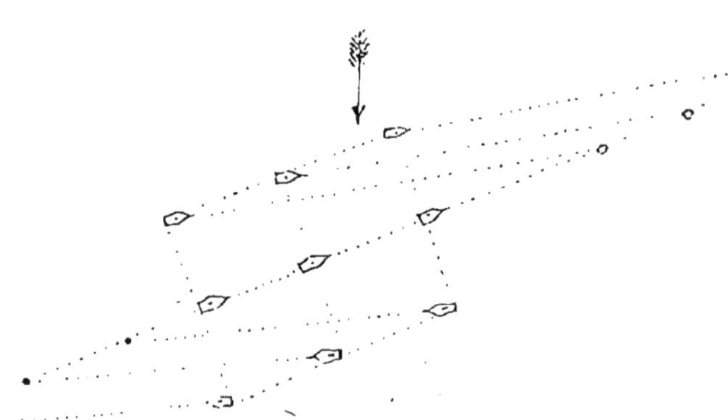

La col. du centre continue sous petite voilure.

La colonne du vent laisse porter d'un quart tout à
la fois, fait de la voile et va se placer en avant de la
colonne du centre.— Le serre-file dirige (43).

La colonne sous le vent vire vent devant tout à
la fois (le serre-file marquant le premier sa manœuvre), s'élève au vent sous toutes voiles et revire dans
les eaux de la colonne du centre. Le chef de file virant le premier (art. 40 et 44) et dirigeant sa col.

Durée : 2 viremens vent-devant $+ N \, 4^{m} + 1/2$
L au P.P. avec de la voile (N est le nombre des vaisseaux de la colonne sous le vent).

à l'ordre de bataille au P.P.

3.　8.　Des 3 ou 2 colonnes au P.P. a la ligne de
　　　　bataille même bord, la colonne du vent
　　　　à l'av.-garde, se formant sur la colonne
　　　　sous le vent.

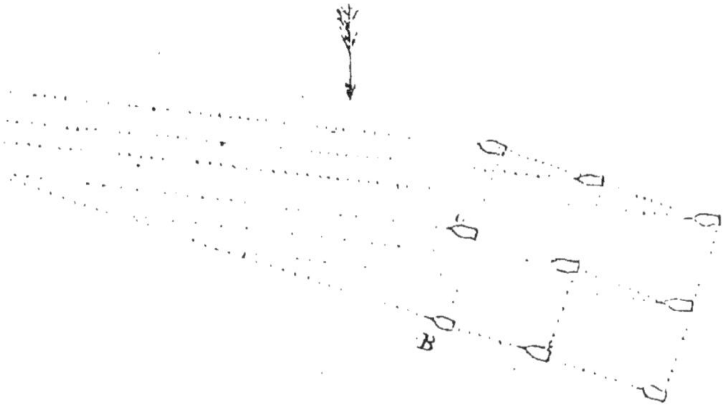

La colonne sous le vent continue sa route sous la
moindre voilure possible.

Les deux autres laissent porter d'un quart tout à
la fois, et reviennent au vent sur l'indication des
serre-files et l'ordre des commandans, quand elles
sont dans les eaux de la colonne sous le vent.— Les
chefs de file commencent le mouvement (53 et 40).
— La col. du vent force de voiles pendant l'évolut.

Durée $= 4\ L$ et 1/10, parcourus 1 q. largue sous
toutes voiles.

Noie 5.

Des 2 ou 3 colonnes.

3. 16.   Des 3 col. au P. P. à l'ordre de marche
sur la ligne du P. P. du même nom qne
les am., les col. virant lof p. lof. p. la
cont. march. La col. du vent à l'av.-gard.

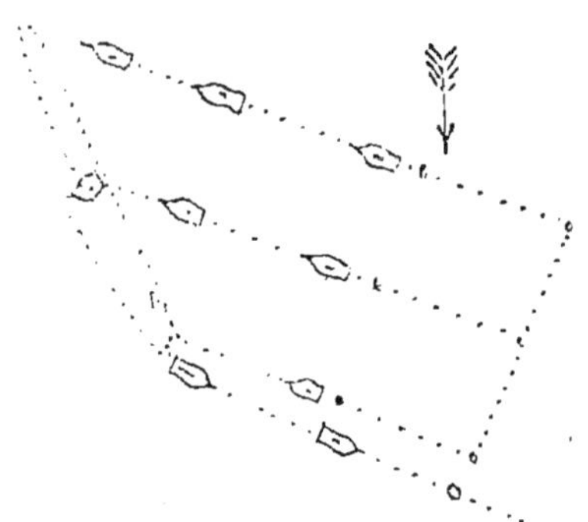

La col. s. le vent vire lof p. lof par la cont.-march.
et gouverne 4 q. largue.

Le chef de file de la col. du centre continue sa
route jusqu'à ce qu'en laissant porter il puisse prendre les eaux du serre-file de la col. s. le vent (c.-à-d.
quand il relève le point où cette col. exécute son
évolution à 4 q. en arrière de son travers). Les vaisseaux de sa col. le suivent par la contre-marche.

La col. du vent manœuvre de la même manière.

En revenant au vent, quand l'évolution est terminée, l'armée se forme en échiquier ou en bataille, la
col. du vent à l'av.-gard.: l'ordre est renversé s'il était
naturel dans les col., et naturel s'il était renversé.

Durée = Virement lof p. lof + L parcouru 4 q.
largue.

Note 6.

à l'ordre de bataille au P.P.

3. 18.   Des 2 ou 3 col. au P.P. à l'échiquier du
      même nom que les amures, virant vent-
      devant tous à la fois. — La col. du vent
   à l'avant-garde
3. 19.   Id.   virant vent arrière tous à la fois.

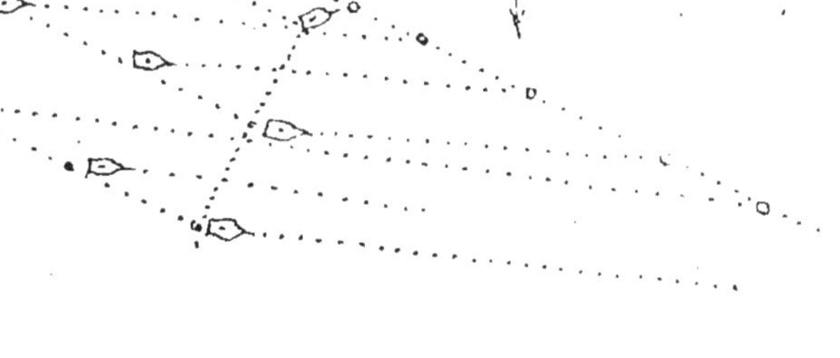

Tous lés vaisseaux virent ensemble (38. 40).

La col. du vent diminue de voiles et se tient au P.P.

Celle du centre en augmente, largue d'un quart
pour se placer à la suite de celle du vent.

Celle de s. le vent force de voile et largue d'un q.
pour prendre son poste (40 et 44).

En revirant ensemble, l'armée se trouve en bat.
Aux mêmes amures, la col. du vent à l'avant-garde.

Durée $=$ Virement vent-devant $+$ 5 *l* parcourues
avec 1 q. largue sous toutes voiles.

Des 2 ou 3 colonnes

3. 9. Des 2 ou 3 colonnes au P.P. à la ligne de
bataille du même bord. — La colonne
sous le vent à l'avant-garde.

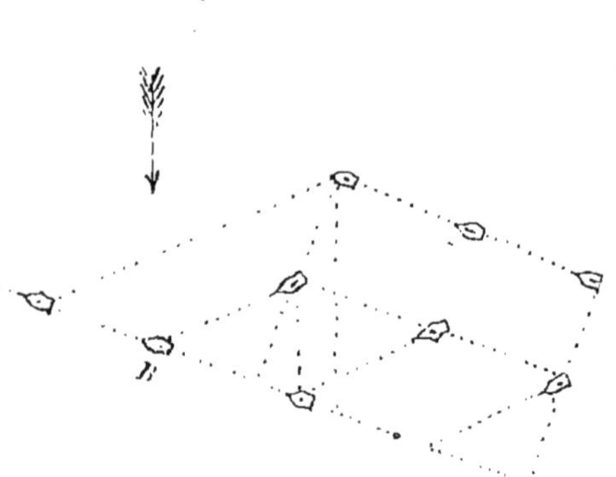

La colonne sous le vent force de voiles. — Les 2
autres mettent en panne (11).

Celle du centre laisse porter de 4 q. tout à la fois
quand le chef de file de cette colonne relève le serre-
file de la colonne sous le vent dans le lit du vent. —
La colonne sera guidée par son chef de file pour revenir au vent (43).

La colonne du vent suit la même règle par rapport
à la colonne du centre.

Durée $= L -$ 1/2 de L, parcourus en forçant de
voiles.

NOTE 7.

à l'ordre de bataille au P.P.

3. 12. Des 2 ou 3 colonnes au P.P. à la ligne de
bataille à l'autre bord, les colonnes virant vent-devant par la contre-marche.
— La colonne du vent à l'avant-garde.

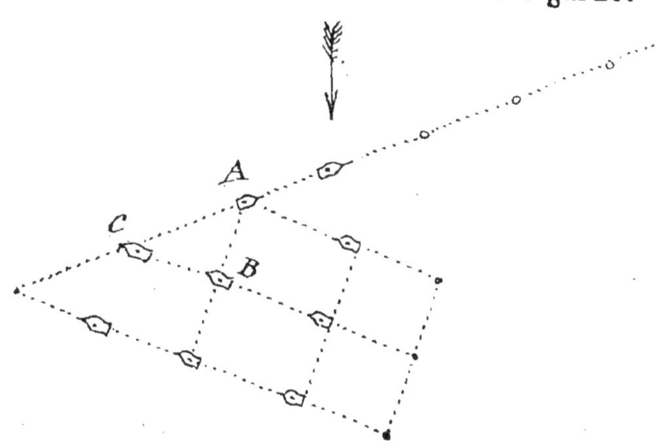

Le chef de file de la colonne du vent vire le premier et les vaisseaux de sa colonne le suivent par la contre-marche.

La colonne du centre continue sa route jusqu'à ce que le chef de file puisse virer dans les eaux de la colonne du vent. — Les vaisseaux de sa colonne suivent par la contre-marche.

Même manœuvre pour la colonne sous le vent.

Durée $=$ Virement vent-devant $+$ 2 *l* au P.P.

Note 8.

3. 13.   Des 2 ou 3 colonnes au P.P. à la ligne de
bataille à *l'autre bord*, les col. virant
vent arrière par la contre-marche.— La
colonne du vent à l'avant-garde.

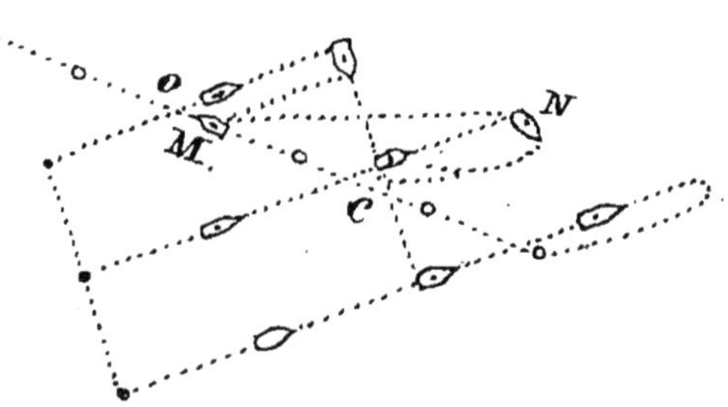

La col. du vent vire la première lof p. lof par la
contre-marche et fait de la voile quand elle revient
au P.P.

Celle du centré continue sa route jusqu'à ce que
son chef de file relève le chef de file de la colonne du
vent sur la perpendiculaire du vent. Elle vire alors
lof p. lof par la contre-marche et vient se mettre dans
les eaux de la colonne du vent.

La colonne sous le vent suit la même règle par
rapport à la colonne du centre.

Durée $=$ Virement lof pour lof $+$ 2 l et 1/2
parcourues au P.P.

Note 22.

à l'ordre de bataille au P.P.

3. 17.   Des 2 ou 3 colonnes au P.P. à l'ordre de
         marche sur la ligne du P.P. à l'autre
         bord—La col. du vent à l'avant-garde.

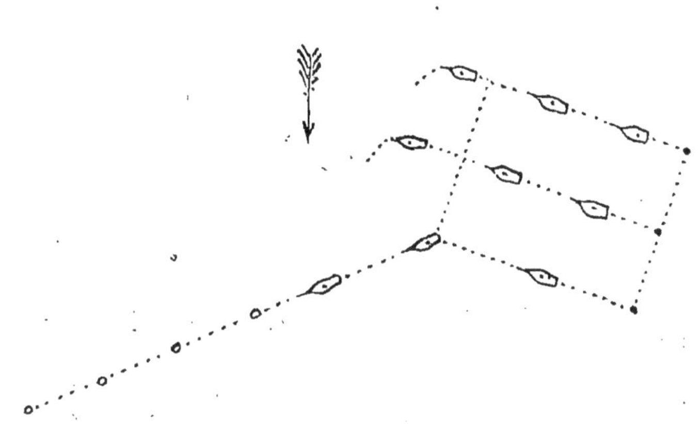

Le chef de file de la colonne sous le vent arrive
de 4 q. aussitôt que le signal s'amène, et les vaisseaux
de sa colonne le suivent par la contre-marche.

Les deux autres colonnes diminuent de voiles, et
les chefs de file laissent porter de manière à prendre
les eaux de la colonne qui précède.

Les vaisseaux en ligne de file sur la ligne de bat.,
peuvent y venir en échiquier ou en bataille. La col.
du vent s'y trouve à l'avant-garde.

Durée $= L$ parcourue avec 4 q. largue.

Des 2 ou 3 colonnes

3. 14.   Des 2 ou 3 col. au P.P. à la ligne de bat.
au P.P. de l'autre bord , les col. virant
vent-arrière par la contre-marche.—La
colonne sous le vent à l'avant-garde.

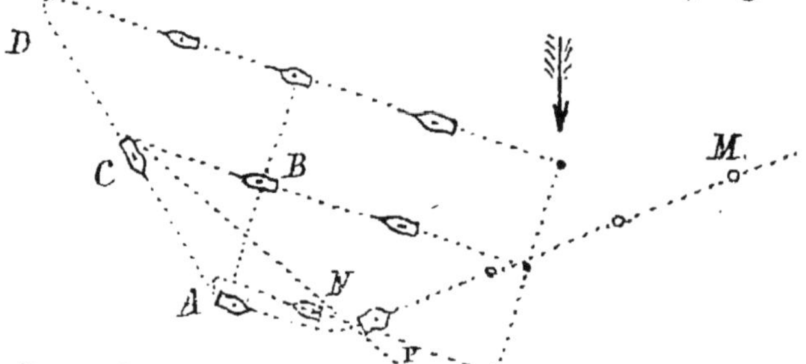

La colonne sous le vent vire là première lof p. lof
par la cont.-march. et force de voiles après avoir viré.

Le chef de file du centre commence son mouvem[t]
quand il relève le chef de file de la col. s. le vent à 6
q. s. le vent de la ligne du P.P. sur laquelle l'armée
vient se ranger. — Il se dirige alors sur le point où
s'exécute la contre-marche de la col. s. le vent.—Les
vaisseaux le suivent par un mouvement successif.

Le chef de file de la col. du vent continue sa route
jusqu'à ce qu'il soit dans les eaux de la partie de la
col. du centre qui a déjà laissé arriver. — Il laisse
porter pour suivre cette colonne. — Les vaisseaux
de sa col. imitent sa manœuvre par la contre-marche.

Durée $=$ Virement lof pour lof $+ L + 1/2$ l
parcourues au P.P..

NOTE 9.

à l'ordre de bataille au P.P.

3. 15. Des deux ou trois col. au P.P. à la ligne de bat. au P.P. à l'autre bord. Les col. virant vent-arr. tout à la fois. — La col. sous le vent à l'av.-garde.

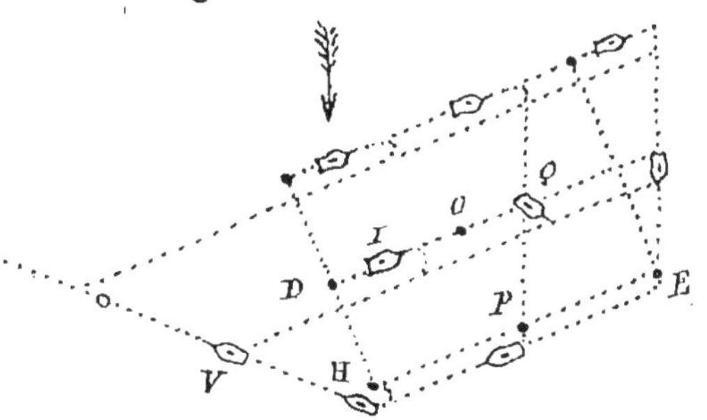

La col. s. le vent vire tout à la fois vent-arrière quand le signal s'amène. Le serre-file devenu chef de file serre le vent au nouveau bord sous toutes voiles, et les vaisseaux de sa col. le suivent par la contre-marche.

La col. du centre continue jusqu'à ce que le vaisseau du centre relève le serre-file de la col. sous le vent dans le lit du vent. — Elle vire aussi vent-arr. tout à la fois, court 4q. largue, et va prendre les eaux de la col. sous le vent.

La col. du vent suit la même règle par rapport à celle du centre.

Durée $=$ Virement vent-arr. $+$ N 10ˢ $+$ L au P.P. avec de la voile.

NOTE 10.

Des 2 ou 3 colonnes

4. 6. Des 2 ou 3 col., largue ou vent-arr., à l'ordre
de bataille Trib. am.

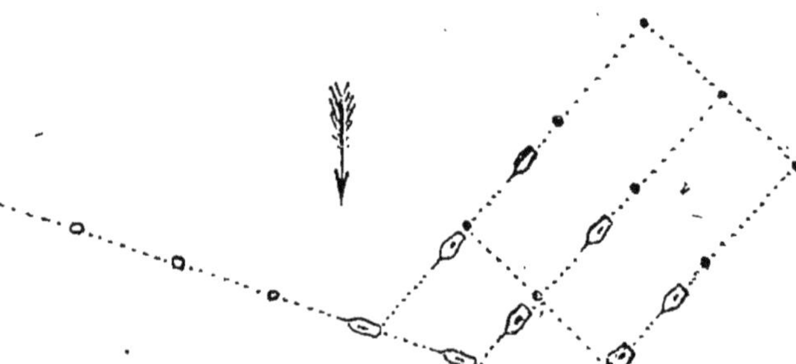

Si l'armée est largue T. am. depuis le P.P. jusqu'à
avoir le vent à 2 q. de l'arrière :

Les 2 col. de gauche diminuent de voiles.

Celle de droite continue sa route en forçant de
voiles, et le chef de file de cette col. vient au P.P.
quand il a amené les autres chefs de file sur la ligne
du P.P.T. — Les vaisseaux de sa col. le suivent par la
contre-marche, et les 2 autres col. font de même.

Si l'armée est vent-arr. ou avec le vent à 2 q. de
l'arr. de chaque bord, le chef de file de la col. de
droite vient au vent immédiatement.

Si l'armée est largue B. amures, le chef de file de
la col. de droite vient de suite au P.P.T. Les 2 autres
col. continuent leur route et ne viennent sur T. que
quand elles peuvent le faire sans gêner la col. de
droite dans son développement.

à l'ordre de bataille au P.P.

4. 7. Des 2 ou 3 col. largue ou vent-arr. à l'ordre
de bat. B. amures.

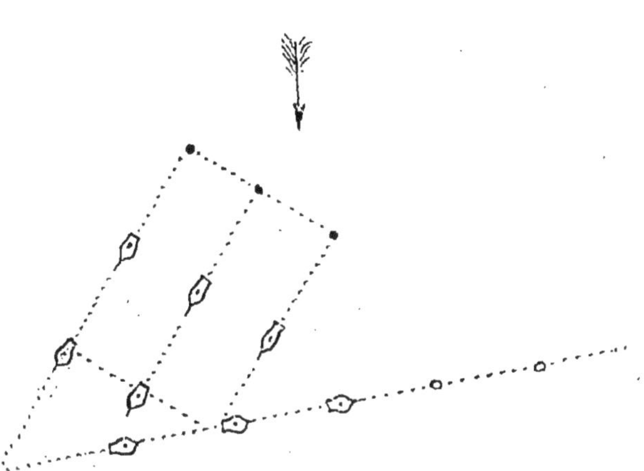

Voir l'évolution précédente en changeant T. enB.,
et B. en T.

Durée = 1/2 virement lof p. lof $+$ L au P.P. sous
toutes voiles.

Nota. — Dans la fig. de la page 78, l'armée a les amures
du bord où elle va serrer le vent. Dans la fig. de la page 79,
l'armée a les amures du bord opposé à celui qu'elle va prendre. Dans la tactique, l'armée est figurée vent-arrière.

Des 2 ou 3 colonnes à la ligne

Le nombre des évolutions nécessaires à ces changemens d'ordre est peu considérable. — Il n'est point nécessaire de chercher à maintenir l'armée au vent, puisque la ligne de file ne convient qu'à une armée sous le vent. — Et ensuite la facilité de passer de l'ordre d'un bord à l'ordre de l'autre, dispense d'avoir des évolutions particulières pour placer la colonne sous le vent à l'avant-garde au même bord ou à l'arrière-garde au bord opposé.

Des quatre combinaisons indiquées au commencement du chap. précédent (page 66), il n'en reste que deux seulement pour celui-ci.

1° Passer des deux ou trois colonnes au P. P. à la ligne de file sur la perpendiculaire du vent au même bord, la colonne sous le vent à l'avant garde.

En virant tout à la fois quand l'ordre est établi, l'armée a exécuté l'évolution suivante :

Des 2 ou 3 colonnes au P. P. à la ligne de file à l'autre bord, la colonne du vent à l'avant-garde.

2° Des 2 ou 3 colonnes au P. P. à la ligne de file à l'autre bord, la colonne sous le vent à l'avant-garde.

En virant tout à la fois quand l'ordre est établi, l'armée a exécute l'évolution suivante :

Des 2 ou 3 colonnes au P. P. à la ligne de file au même bord, la colonne du vent à l'avant-garde.

de file sur la perpendiculaire du vent.

3. 20.   Des 2 on 3 colonnes au P. P. à la ligne de file
          au même bord, la colonne sous le vent à
          l'avant-garde.

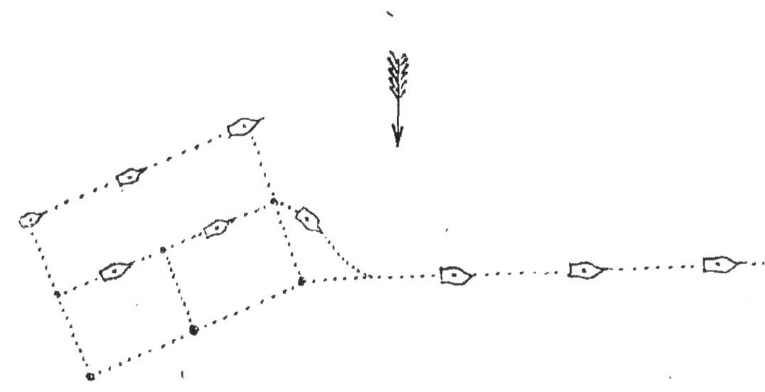

La colonne sous le vent laisse porter de 2 q. par la
contre-marche et force de voiles.

La colonne du centre a diminué de voiles. Elle
prend les eaux de la col. s. le vent par la contre-marche.

La colonne du vent a mis en panne. Elle fait servir
de manière à pouvoir prendre les eaux des deux autres le plus promptement possible.

Durée $= L$ parcourue sous toutes voiles 2 q. largue.

Des 2 ou 3 colonnes à la ligne

4. 1.   Des 2 ou 3 colonnes au P. P. à la ligne de
file à l'autre bord, la colonne sous le vent
à l'avant-garde.

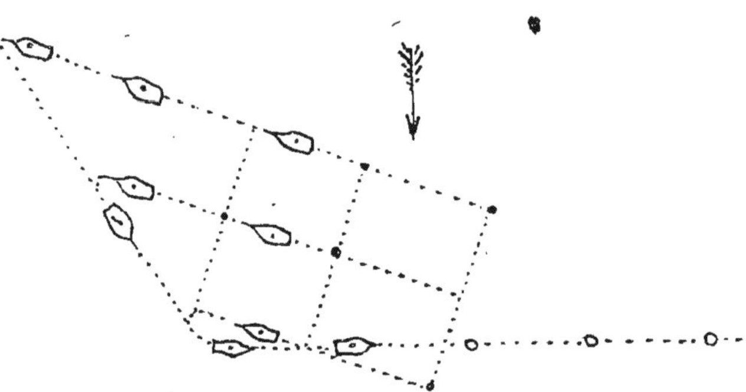

La colonne sous le vent vire lof pour lof par la
contre-marche et le chef de file après avoir dépassé
le serre file gouverne 2 q. largue.

Le chef de file de la colonne du centre ne commence son évolution que quand il relève le point où
s'exécute l'évolution de la colonne sous le vent à 4 q.
en arrière de son travers, il laisse porter dessus et doit
y arriver en même temps que le serre-file de la col.
sous le vent. — Sa col. le suit par la contre-marche.

La col. du vent manœuvre de la même manière.

Durée = virement lof pour lof + L parcourue 2
q. largue sous toutes voiles.

Note 9.

de file sur la perpendiculaire du vent.

4. 2.   Des 3 colonnes largue ou vent arrière, à la
ligne de file ou ordre de marche sur la perpendiculaire du vent, les vais. venant sur
T. et B.

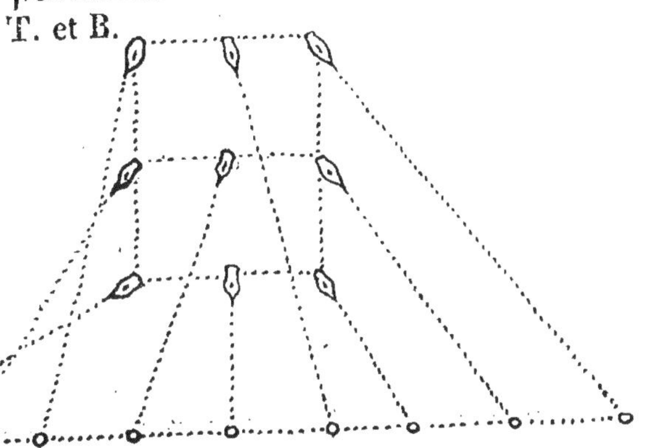

Le vaisseau de tête de la colonne du centre supposé
vaisseau amiral continue sa route sous très petite voilure. Celui qui suit vient de 2 q. sur T. et le dernier
de 2 q. sur B.

Dans la colonne de droite le chef de file vient de
4 q. sur T. Le deuxième vaisseau de 3 q. et le troisième vaisseau de 2 q.

Dans la colonne de gauche, les 3 vaisseaux viennent de 2 q. sur B.

Les vaisseaux font de la voile et corrigent les règles
précédentes de manière à arriver à leurs postes par
rapport à l'amiral, faisant ensuite la route ordonnée.

Durée $= 3 l$ et 1/2 sous toutes voiles grand largue.

NOTE 18.

Des 2 ou 3 colonnes à la ligne de file

4. 3.   Des 3 colonnes largue ou vent-arrière à la ligne de file T. amures.
4. 5.   *Idem* B. amures.

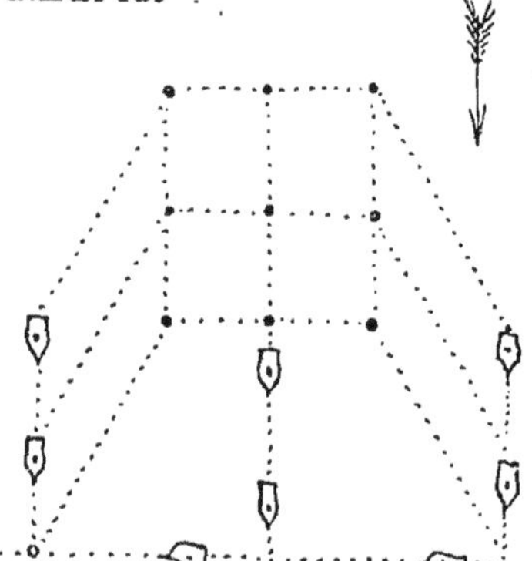

La col. du centre continue sous moyenne voilure.

Les vaisseaux des deux autres viennent ensemble, sur T. pour la col. de droite, sur B. pour la col. de gauche de 2 q. et font de la voile pour rester par le travers des vais. correspondans de la col. du centre.

Quand le chef de file de la colonne du centre relève le serre-file de chacune de ces colonnes à 4 q. de sa route, tous les vaisseaux reviennent en route, à l'exception des trois chefs de fie qui viennent ensemble sur T. ou B. suivant le signal et gouvernent 2 q largue. Les vaisseaux des colonnes suivent par la contre-marche.

S'il n'y a que 2 colonnes, celle de l'amiral manœuvre comme colonne du centre.

Durée ⇒ Virement lof pour lof ╪ 2 *l* largue.

De l'ordre de bataille au P. P. aux 2 ou 3 col.

Pour le classement de ces évolutions, ordre analogue à celui établi pour passer des 2 ou 3 colonnes à l'ordre de bataille.

1° Passer de l'ordre de bataille au P. P. aux 2 ou 3 colonnes au P.P. — du même bord — l'avant-garde au vent.

2° *Idem* — id. l'arrière-garde au vent.

3° *Idem* — de l'autre bord, — l'av.-garde au vent.

4° *Idem* — *idem* — l'arrière-garde au vent.

Le livre des signaux ne donne pas de moyen pour cette dernière évolution.

Un seul moyen suffit pour chacune des 3 autres évolutions, parce qu'il n'est pas nécessaire de maintenir l'armée au vent en la faisant passer à un ordre de marche.

De l'ordre de bataille au P.P.

4. 8. De l'ordre de bat. au P.P. aux 2 ou 3 col.
au P.P. du même bord. — L'avant-garde
colonne du vent.

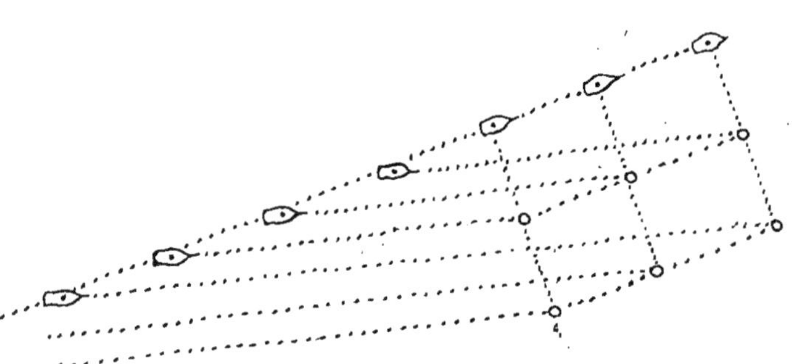

L'avant-garde continue au P.P. sous la moindre
voilure possible.

L'escadre du centre largue d'un quart tout à la
fois et se porte par le travers de l'avant-garde, guidée par son commandant pour serrer le vent. — Fait
de la voile.

L'arrière-garde largue aussi d'un quart et va se
placer par le travers de la col. du centre en forçant
de voiles.

Durée $= 4\,l$ et 1/4 parcourues 1 q. largue sous
outes voiles.

aux 2 ou 3 colonnes.

4. 9. De l'ordre de bat. au P.P. aux 2 ou 3 col. au
     P.P. du même bord. L'arrière-garde col.
     du vent.

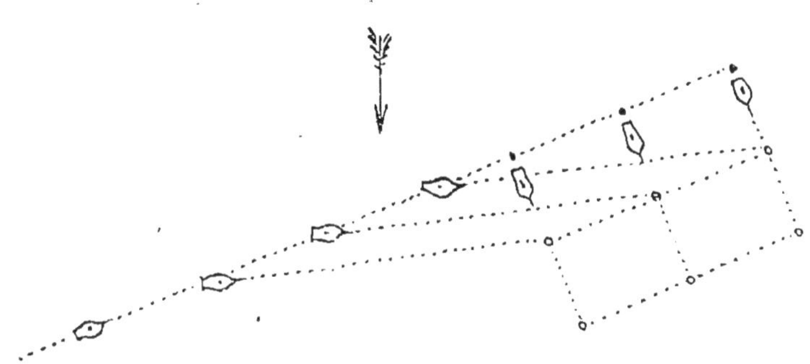

L'avant-garde arrive tout à la fois de 8 q. et parcourt ainsi une distance double de celle qu'il doit
y avoir entre les colonnes, et tient le vent tout à la
fois sous petite voile.

L'escadre du centre largue d'un quart tout à la
fois, et revient au vent de même par le travers de la
colonne sous le vent.

L'arrière-garde force de voiles au P.P.

Nota. Il semble que les serre-files des colonnes doivent les guider pour serrer le vent, suivant l'esprit
de l'art. 45 (T. 174).

Sur 2 col., même manœuvre que pour l'avant-
garde et l'arrière-garde.

Durée $= L$ sous toutes voiles au P.P.

De l'ordre de bat. aux 2 ou 3 col.

4. 10. De l'ordre de bat. au P.P. aux 2 ou 3 col.
au P.P. de l'autre bord. — L'avant-garde
colonne du vent.

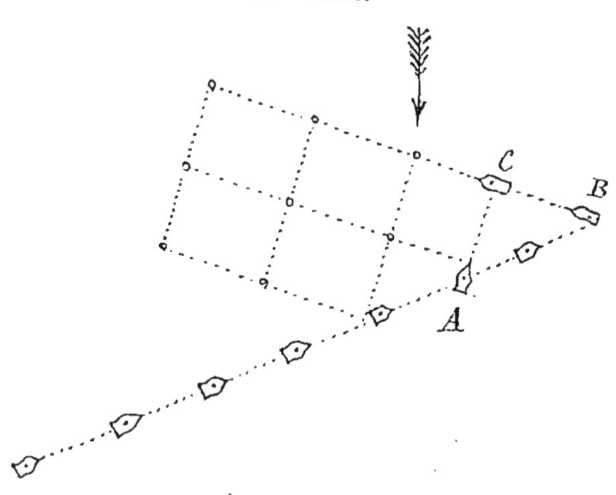

L'av.-garde vire vent-dev. p. la contre-marche.
Le chef de file du centre vire de manière à être
par le travers du chef de file de l'av.-garde, après
avoir viré. Son escadre le suit par la contre-marche.

Le chef de file de l'arrière-garde vire de manière
à être par le travers du chef de file du centre après
avoir viré. — Les vaisseaux de son escadre le suivent
par la contre-marche.

L'ordre se rectifie à mesure.

Durée $=$ Virement vent-devant $+$ 2l3 L au P.P.

NOTE II.

De la ligne de file sur la perpendiculaire du vent

aux 2 ou 3 colonnes

5. 14.　De la ligne de file sur la perpendiculaire
　　　　du vent aux 2 ou 3 col. au P. P. T. A.

5. 15.　　Id.　　　　　　　　　　　B. A.

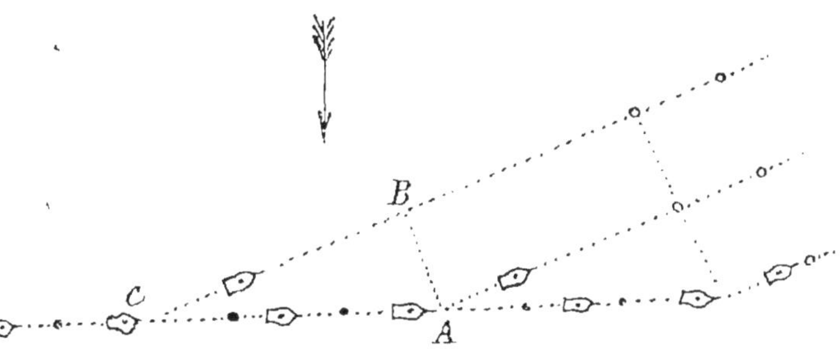

Les trois chefs de file serrent le vent à la fois, du
bord ordonné par le signal, et les vaisseaux de leurs
escadres suivent le mouvement par la contre-marche.

L'escadre du vent force de voiles, et celle du centre en augmente.

Les trois col se trouvent régulièrement formées.

Nota. Par cette évolution, l'escadre de l'arriére-
garde devient colonne du vent, ou si l'armée a viré
tout à la fois avant l'évolution, l'avant-garde est de-
venue colonne du vent.

Note 12.

5. 18. De l'ordre de marche sur la perpendiculaire
du vent à l'ordre de bataille T. amures.
5. 19. *Idem*, — à l'ordre de bataille B. amures.

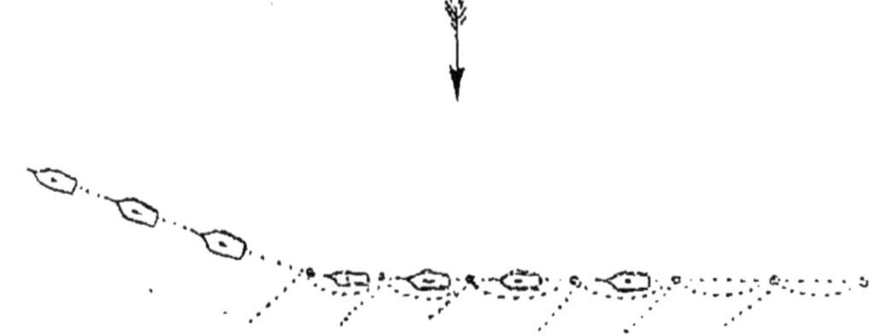

Les vaisseaux viennent dans les eaux les uns des
autres, T. ou B. amures suivant le signal, et courent
a q. largue.

Le vaisseau de tête serre le vent et les autres le
suivent par la contre-marche. (36. 37. 40.)

Nota. Cette évolution avait été oubliée; elle doit être placée après la page 61.

Rétablissemens des ordres.

Le problème à résoudre dans les rétablissemens d'ordres nécessités par un changement de vent est de placer les vaisseaux sur une ligne qui fasse avec le nouveau vent le même angle que celui fait par la première ligne avec l'autre vent. Il faut en outre que la distance entre les vaisseaux soit conservée. On est quelquefois obligé de négliger cette dernière condition afin de ne pas souventer l'armée ou de ne pas alonger l'évolution.

Quand la nouvelle ligne doit être formée en aissant porter, voici comment on détermine la route que doivent faire les vaisseaux pour se rendre à leurs postes.

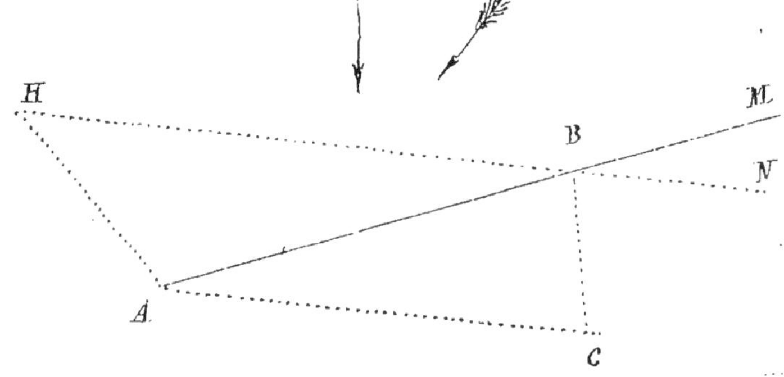

La ligne était AB. Elle doit devenir AC. Il faut que $AC = AB$. L'angle A est connu ; il est égal à la variation du vent. Or, $B + A + C$ ou $2B + A = 16$ q. $B = 8$ q. $- A 2$.

on peut conclure de cet angle, tout autre angle formé soit avec l'autre partie de l'ancienne ligne de relèvement, *MBC*, soit avec la nouvelle ligne, *NBC.*
$MBC = 8$ q. $+$ $A/2$ et $NBC = BCA = CBA = 8$ q. $- A/2$.

Le livre des signaux établit comme régle que toutes les fois que le vent adonne ou refuse de plus de 4q. il faut changer d'amures pour rectifier l'ordre (T. 176) c'est-à-dire que l'ordre est rectifié en s'élevant au vent au lieu de se rectifier en laissant porter. — Cependant au-dessous d'une variation de 8 q. la ligne s'étend toujours et le temps de la rectification est plus grand en rectifiant la ligne au vent de sa première position, qu'en la rectifiant sous le vent. Mais au-dessus d'une variation de 4 q., les différences ne sont pas assez considérables pour balancer l'avantage de maintenir l'armée au vent.

On pourra s'assurer de ces résultats en établissant la valeur de *BH*, ligne formée au vent, et le rapport entre *AH* et *BC* qui représentent les durées d'évolutions dans les deux cas : faisant varier le vent de 1 q. à 8.

Nota. Dans les figures des rétablissemens d'ordres, les flèches sans ailes indiquent le vent qui a cessé, et les autres le nouveau vent.

Rétablissement des ordres.

6. 2.   Rétablir les 2 ou 3 col. au P. P. et aux mêmes amures ; les vents ayant adonné.

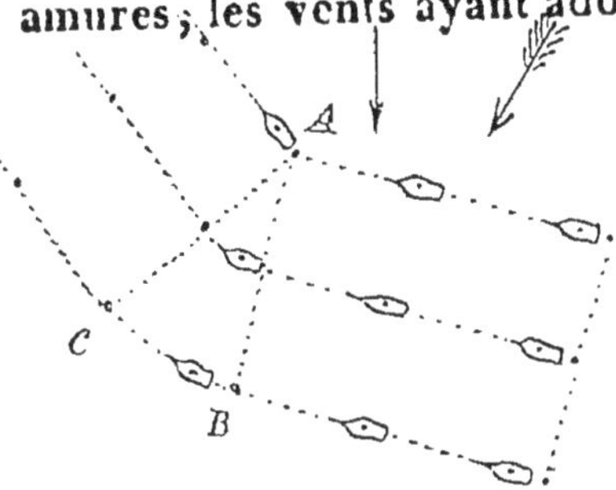

Le chef de file de la colonne du vent vient de suite au lof. Les vaisseaux de sa colonne le suivent par la contre-marche.

Le chef de file de la colonne du centre vient au lof de la moitié de ce dont le vent a varié et serre le vent quand il est par le travers du chef de file de la colonne du vent. — Les vaisseaux de sa colonne le suivent par la contre-marche.

La col. sous le vent manœuvre de la même manière.

Si le vent a beaucoup varié, la colonne du vent met en panne et son chef de file fait servir quand il relève le chef de file de la colonne du centre dans le lit du vent.

Durée $=$ Le temps de parcourir, l, 3. l, 6. l, 9. $2L$, 3. suivant que le vent a varié de 2, 4, 6, ou 8 q.

NOTA 13.

Rétablissement des ordres.

6. 3.   Rétablir les 2 ou 3 colonnes au P.P. et aux
     mêmes amures, les vents ayant refusé.

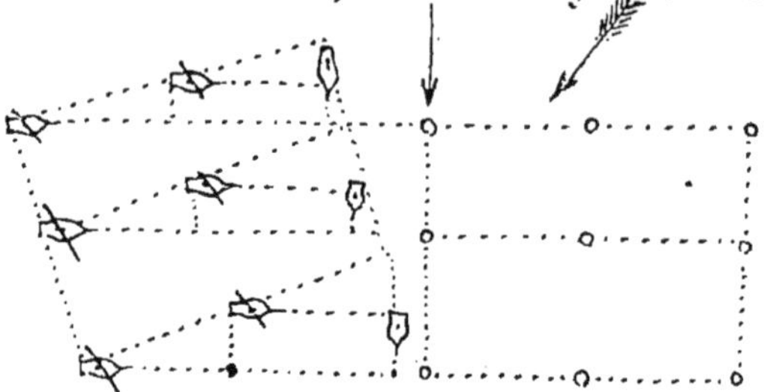

L'armée ayant obéi au vent met en panne, les 3
chefs de file laissent porter de 8 q. moins la moitié de la
variation du vent (page 91) et reviennent au vent
quand ils relèvent chacun son serre file, sur la nouvelle ligne du P.P. — Les vaisseaux intermédiaires
font servir et arrivent à la même route que les chefs de
file à mesure qu'ils les relèvent sur la nouvelle ligne
du P.P. et reviennent au lof en même temps qu'eux.

La col. sous le vent étant formée, met en panne
pour attendre que les deux autres soient par son travers; l'armée fait d'abord peu de voiles pour que les
vaisseaux puissent serrer les distances.

Si le vent refuse de plus de 4 q., les vaisseaux virent, et chaque colonne rectifie l'ordre par la méthode de la page 96.

Durée = Un virement lof p. lof + 7/10 l, l, ou
l et 1/3 suivant que les vents ont varié de 2, 3 ou 4 q.

NOTE : 20.

Rétablissement des ordres.

6. 4. Rétablir l'ordre de bataille ; les vents ayant refusé, en se formant sur le serre-file (1re méthode).

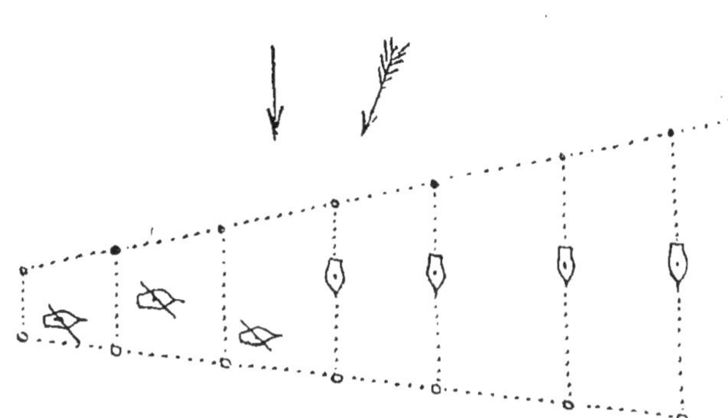

L'armée obéit au vent. — Le serre-file met en panne.—Les autres vaisseaux laissent porter de 8 q.— $v/2$ (v étant la variation du vent), par rapport à la nouvelle ligne du P.P. Les vaisseaux pairs, à partir du serre-file, mettent en panne au vent de la nou-velle ligne de bataille ; les vaisseaux impairs dans cette ligne même. — Le chef de file tiendra le vent en ar-rivant à son poste, et les autres vaisseaux feront servir.

Durée = Un virement lof p. lof +, 2/5, 3/5, 4/5 de l, suivant que les vents ont adonné de 2, 3, ou 4 q.

Rétablissement des ordres.

6. 5. Rétablir l'ordre de bataille, les vents ayant
refusé, en se formant sur le chef de file.
(deuxième méthode.)

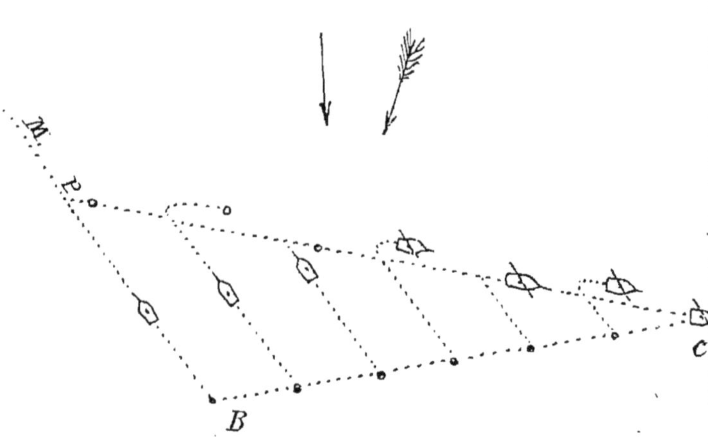

Le chef de file met en panne. — Tous les autres
virent et s'élèvent au vent pour aller mettre en
panne, les vaisseaux pairs, au vent de la nouvelle
ligne de relèvement, les vaisseaux impairs dans cette
ligne même. — Toute l'armée fait servir quand le
serre-file est sur le point d'atteindre son poste.

Cette méthode doit servir quand le vent a varié de
4 q. et plus.

Note 21.

Rétablissement des ordres.

6, 7. Rétablir l'ordre de bataille, lorsque les vents
ont refusé, en se réformant sur le centre
(troisième méthode).

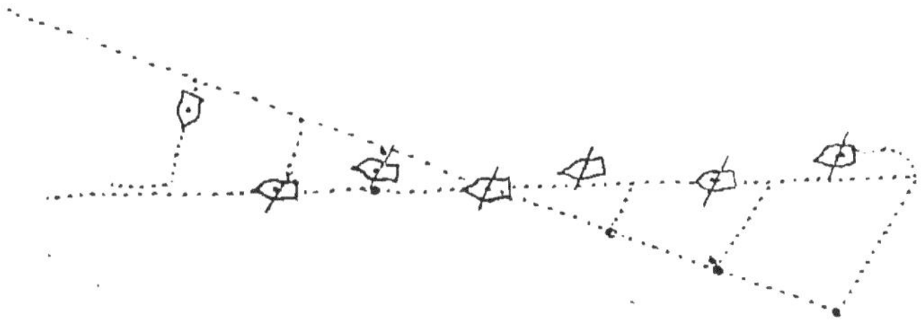

Le vaisseau du centre met en panne. — Ceux
qui sont en avant de lui rétablissent l'ordre par la
première méthode (page 95). — Ceux qui sont en
arrière le rétablissent par la seconde (page 96).

Rétablissement des ordres.

6. 8. Rétablir l'ordre de bat., les vents ayant adonné, en se réformant sur le chef de file (première méthode).

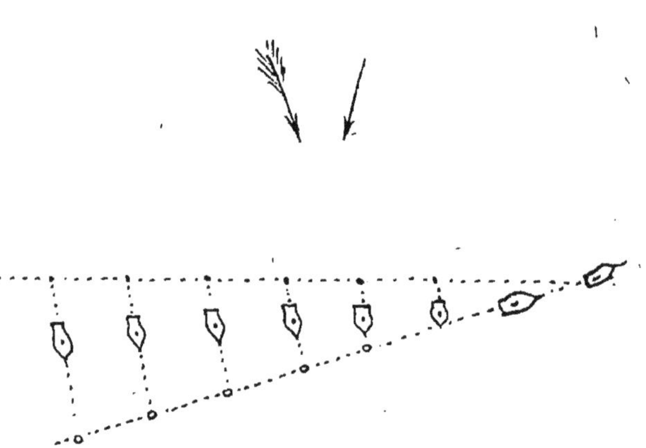

Le chef de file tient le vent sous très petite voilure. Les autres vais. arrivent de 8 q. — $v/2$ (v étant la variation du vent) par rapport à la route qu'ils suivaient avant que le vent n'eût varié. Ils viennent au P.P. dans les eaux du chef de file.

Durée $=$ Virement lof p. lof $+$ 2/5, 3/5, 4/5 de L suivant que les vents ont varié de 2, 3, 4 q.

Rétablissement des ordres.

6. 9. Rétablir l'ordre de bat. lorsque les vents ont
adonné par 2 viremens de bord (deuxième
méthode).

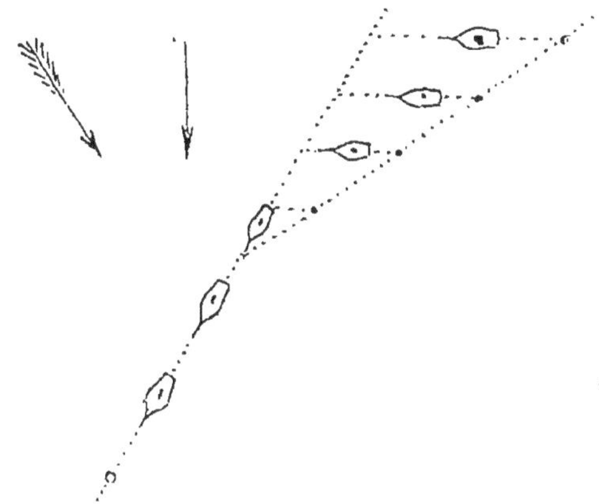

Tous les vaisseaux virent de bord. — Le serre-file
arrive jusqu'à avoir le vent à 4 q. de l'arrière, sous
très petite voilure. Les autres vaisseaux courent au
P.P. avec une voilure proportionnée à leur distance
du serre-file, et laissent porter comme lui à mesure
qu'ils arrivent dans ses eaux. Quand le chef de file
y est rendu, l'armée virant tout à la fois, sur un
signal, se trouve en bataille.

Cette méthode qui est longue et souvente l'armée,
serait tout-à-fait désavantageuse si le vent variait de
4 q. ou davantage.

NOTE 14.

Rétablissement des ordres.

6. 10.　Rétablir la ligne de file sur la perpendiculaire du vent, lorsque les vents ont refusé, se réformant sur le centre.

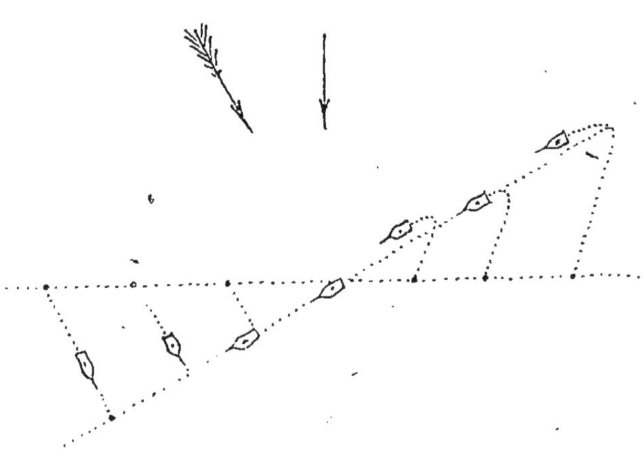

Le vaisseau du centre met en panne. — Ceux
en arrière de lui rectifie l'ordre par la méthode de la
page 96, et ceux en avant par la méthode de la page
95.

Rétablissement des ordres.

6. 11.   Rétablir la ligne de file sur la perpendiculaire du vent, quand les vents ont adonné
en se réformant sur le chef de file.

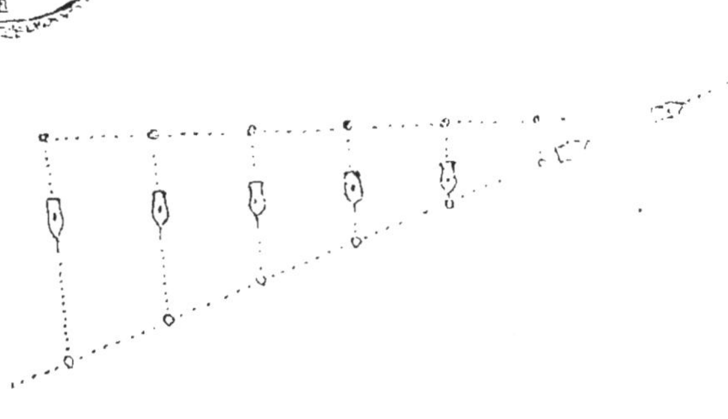

Le chef de file vient au vent jusqu'à avoir encore
le vent du travers, et fait peu de voiles ; les autres
vaisseaux arrivent de 8q.—$v/2$ par rapport à la route
qu'ils suivaient avant que le vent n'eût varié (v variation du vent, page 91), et viennent sur la perpendiculaire du vent à mesure qu'ils arrivent dans les
eaux du chef de file.

Rétablissement des ordres.

6. 12. Rétablir l'ordre de front en se réformant
sur le centre.

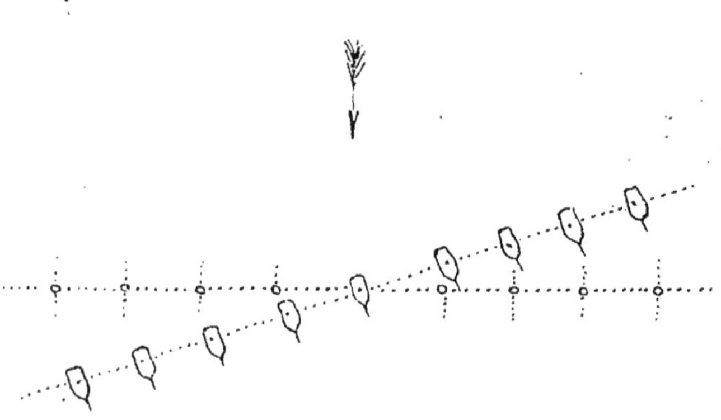

Le vaisseau du centre gouverne sous moyenne
voilure à la nouvelle route ordonnée. Les autres vaisseaux augmentent ou diminuent de voiles suivant
qu'ils sont en avant ou en arrière de la nouvelle ligne
à former, et sont attentifs à conserver entr'eux les
distances, nécessairement altérées par le changement
de route et de ligne de relèvement.

NOTE 15.

Rétablissement des ordres.

6. 13.   Rétablir l'ordre de marche sur une des
lignes du P.P. ou sur la perpendiculaire
du vent, en se réformant sur le vaisseau
du centre.

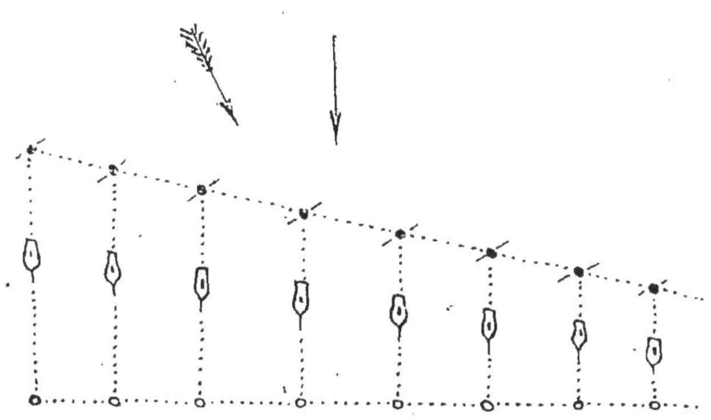

Le vaisseau du centre continue la même route
sous une moyenne voilure. — Les vaisseaux qui se
trouvent en avant de la nouvelle ligne de relèvement
diminuent de voiles. — Ceux qui se trouvent en arrière en augmentent. — Ils font, tous, la route nécessaire pour rectifier les distances que le changement
de la ligne de relèvement aura altérées.

Rétablissement des ordres.

6. 14.   Rétablir l'échiquier lorsque le vent refuse,
en se réformant sur le vaisseau s. le vent.

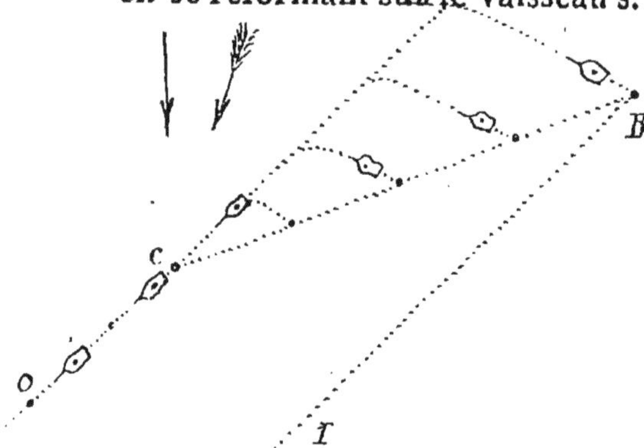

Toute l'armée continue à tenir le vent, à l'exception du serre-file ou vaisseau le plus sous le vent, qui
gouverne avec le vent à 4 q. de l'arrière aux mêmes
amures sous petites voiles. — Les autres vaisseaux
portent de même à mesure qu'ils arrivent dans ses
eaux. Lorsque le dernier vaisseau, qui aura forcé de
voiles, parviendra dans la ligne, tous les vaisseaux
tiendront le vent et l'échiquier sera rétabli.

Si le vent ne saute que de 2 q., les vaisseaux se
réforment sur le vaisseau de gauche qui force de
voiles tandis que les autres en diminuent proportionnellement, laissant un peu porter pour rétablir les
distances.

Note 16.

Rétablissement des ordres.

6. 15.   Rétablir l'échiquier lorsque le vent adonne,
en se réformant sur le vaisseau de tête.

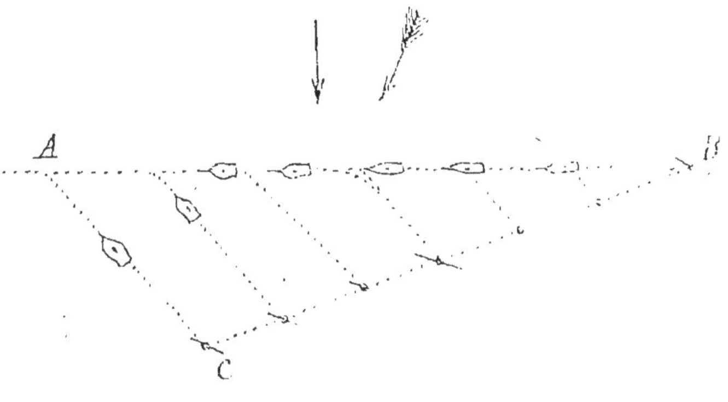

Le vaisseau de tête ou le plus au vent gouverne
avec le vent à 4 q. de l'arrière, aux mêmes amures
avec de la voile seulement pour gouverner. — Les
autres vaisseaux continuent au P. P. jusqu'à relever
le vaisseau de tête dans la nouvelle ligne du P. P., et
font alors la même route que lui.—Quand le vaisseau
le plus sous le vent, qui a dû forcer de voiles, est
rendu sur la ligne, tous serrent le vent et l'échiquier
est rétabli.

Les vaisseaux doivent porter un peu, au lieu de
tenir le P.P., si la ligne parait devoir s'engorger.

NOTE 17.

6. 16.   L'armée sur 2 ou 3 colonnes, ordre aux chefs de file de se relever dans le lit du vent, et de conserver cé relèvement jusqu'à nouvel ordre.

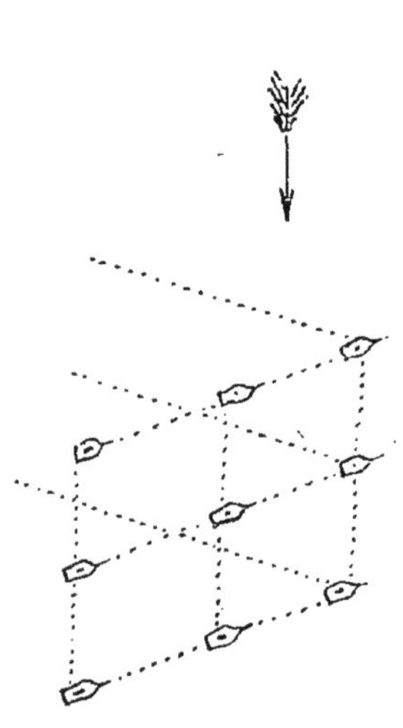

Si l'armée rangée dans cet ordre vient à louvoyer, les trois chefs de file envoient en même temps dans les viremens vent-devant et vent-arrière.

10. 15. L'armée en ordre de bataille T. (*fig.* 1) ou
B. (*fig.* 2) de filer à poupe du vaisseau-amiral en conservant les mêmes amures.

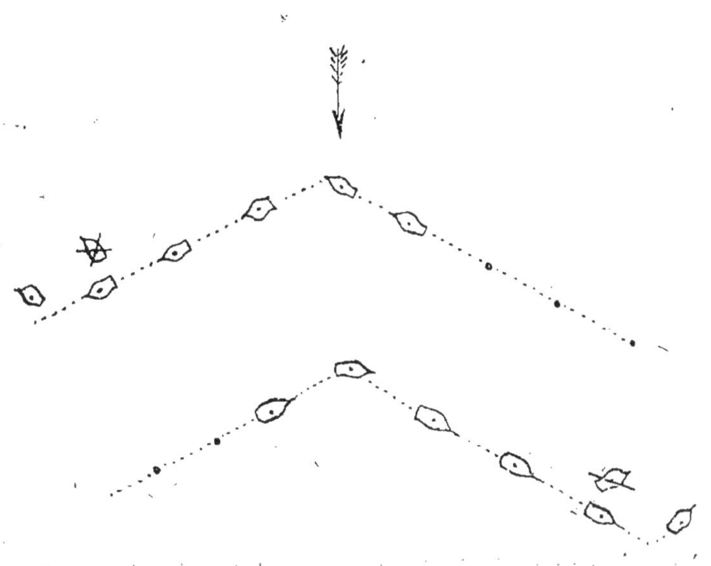

Le vaisseau-amiral laisse porter sur la perpendiculaire du vent; et quand il relève le chef de file sur la ligne du P. P. à l'autre bord, il met en panne.

Le chef de file arrive alors pour passer à poupe de l'amiral; et après s'être écarté pour que le vaisseau-amiral ne tombe pas dans la ligne pendant l'inspection, il revient au lof. Les autres vaisseaux le suivent par la contre-marche.

10. 16. L'armée étant en ordre de bataille T. (*fig.* 1)
ou B. (*fig.* 2) de filer à poupe de l'ami-
ral en virant vent-devant p. la cont.-marc.

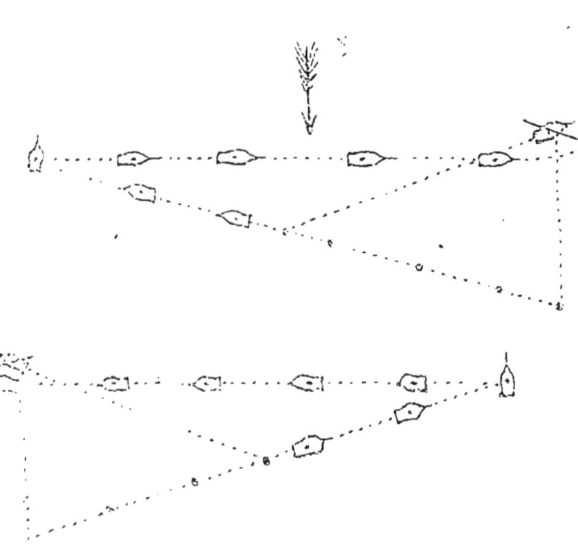

Le vaisseau-amiral vire ; et quand il relève le serre-
file dans le lit du vent, il met en panne.

Quand le chef de file relève l'amiral sur la perpendiculaire du vent, il vire, gouverne pour lui passer à poupe, et revient au vent après avoir couru
pour s'éloigner de l'amiral d'une manière suffisante
pour qu'il ne tombe pas dans la ligne pendant l'inspection.

Les autres vaisseaux suivent p. la contre-marche.

NOTES

SUR

LES ÉVOLUTIONS.

NOTES.

—

Note 1. (page 41.) Conditions de la formation sur 3 colonnes — Les conditions de la formation sur 3 colonnes et les conséquences qui en résultent sont indispensables pour l'intelligence des règles données pour chaque évolution.

1° Les 3 colonnes au P.P. sont 3 lignes parallèles qui font un angle de 67° 30', ou 6 q. avec la direction du vent.

2° Le chef de file d'une colonne relève le serre-file de la colonne voisine à 2 q. de la route. Par conséquent, le chef de file d'une colonne et le serre-file de la colonne au vent sont sur la perpendiculaire du vent; de sorte que si le premier vient à virer vent-devant, il passera justement à poupe du second, sans avoir besoin d'altérer sa route.

3° Les chefs de file des colonnes se tiennent par le travers les uns des autres. Cette ligne de relèvement fait un angle de 2 q. avec la direction du vent.

4° La distance de deux colonnes voisines est égale à 0,414 ou approximativement 2/5 d'une longueur de colonne.

5° Si le chef de file d'une colonne devient fixe et que le chef de file de colonne immédiatement sous le vent continue sa route et ne vire que quand il relèvera le premier chef de file sur l'autre ligne du P. P., la somme des longueurs DK. KB. sera, à très peu près, égale à une longueur de colonne : cette valeur est calculée dans le triangle isoscèle BDK, ou BD $= 0,414$ de l.

Note 2. (page 49.) Virer vent-devant par la contremarche. — La règle donnée ici par la tactique, et qui est due à M. de Buor, ne paraît pas toujours applicable. Il peut se faire que le troisième vaissean ne puisse pas virer dans les eaux du premier ; cela aura certainement lieu quand l'armée navigue très serrée et qu'elle a de la vitesse.

Ainsi, par exemple, des vaisseaux sont en ligne à une encâblure de distance, et ont une vitesse de 7 nœuds. Avec cette vitesse, un vaisseau emploie cinq minutes, terme moyen, pour être établi à l'autre bord, et un peu plus ponr avoir repris sa vitesse. Pendant ces cinq minutes, un vaisseau filant 7 nœuds aurait pu parcourir environ trois encâblures. Par conséquent, non seulement le matelot d'arrière du chef de file, mais encore le deuxième matelot d'arrière, peut-être même le troisième, arriveront trop tôt au point convenable pour virer dans les eaux du chef de file sans être gênés par lui. Ils seront obligés d'aller virer au vent les uns des autres. — Le quatrième vaisseau pourra virer dans les eaux du chef de file, et il convient qu'il le fasse.

Par opposition à l'exemple qui précède, nous en trouverons d'autres où tous les vaisseaux pourront strictement virer dans les eaux les uns des autres, ce qui arrive souvent quand l'armée fait route sans être en présence de l'ennemi. La vitesse est de 4 nœuds et demi. Le chef de file emploie $9^m\ 15^s$ à virer. Pendant ce temps, son matelot d'arrière ne parcourt qu'un peu plus de deux encâblures. Il peut donc envoyer vent-devant de manière à se trouver dans les eaux du chef de file.

De ces exemples et de la considération que les distances, entre les vaisseaux de l'armée, ne sont jamais toutes les mêmes, on en pourrait tirer les modifications suivantes pour les règles données par la tactique.

Tout vaisseau qui pourra virer dans les eaux du chef de file sans être gêné par les vaisseaux qui le précèdent, devra le faire sans s'inquiéter de ses matelots d'avant qui auront pu se trouver forcés d'aller virer au vent de la ligne.

D'après cette règle, les vaisseaux vireront dans les eaux du chef de file, soit un à un, soit de deux en deux, soit de trois en trois, suivant les distances qui sépareront les vaisseaux dans divers points de la ligne au moment de l'évolution. La supposition, purement théorique, de la parfaite formation de la ligne, se trouve ainsi écartée.

Note 3. (page 58.) De l'ordre de convoi à l'ordre de bataille. — Ce changement d'ordre peut s'exécuter par une contre-marche. Le moyen indiqué ici a pour but de développer la ligne par file en bataille, sans l'élever au vent; c'est ainsi qu'une armée, arrivant, en ligne de convoi, sur une autre rangée au P. P., devra manœuvrer pour l'attaquer avec autant d'ensemble que possible.

Le vaisseau de tête, servant de pivot, les autres doivent faire route de manière à ce qu'arrivés sur la nouvelle ligne de relèvement, la ligne n'ait pas pris d'extension, et cependant qu'il y ait de la place pour tous les vaisseaux, c'est-à-dire que $BC = AC$. Il faut pour cela que l'angle $A = $ l'angle C. Or, $A + B + C$ ou $2 A + B = 16$ q. — d'où $A = 8$ q. — $B/2$. L'angle B est connu. — Cette règle servirait également si BC était la perpendiculaire du vent ou toute autre ligne.

Note 4. (page 64.) Virement vent-arrière par la contre-marche sur trois colonnes. — Le chef de file de la colonne du centre devrait virer, à la rigueur, quand il relèverait le point où le chef de file de la colonne sous le vent a fait son mouvement dans le lit du vent. Car alors les distances entre les colonnes ne sont pas troublées. En effet, pendant que le chef de file B. parcourt BC, vire et parcourt encore CK, le vaisseau A a dû faire les mêmes choses, c'est-à-dire virer, parcourir $OA = CK$, et parcourir encore $OI = BC$. Alors les deux triangles BAC, IKO sont égaux. $IK = BA$. — A cause sans doute de la difficulté de déterminer le point A, la tactique donne pour règle au chef de file du centre de virer quand il relève le chef de file de la colonne sous le vent dans le lit du vent. — Cette modification trouble très peu l'ordre; en général, les règles fournies par la théorie ne doivent pas être appliquées trop minutieusement dans la pratique.

Note 5. (page 69.) Des trois colonnes à l'ordre de

bataille, même bord, la colonne sous le vent à l'arrière-garde. — Les vaisseaux des deux colonnes du vent, laissant porter d'un quart, auront à parcourir, pour prendre poste dans la ligne, ceux du centre deux longeurs de colonnes, ceux du vent quatre longueurs. Et les colonnes seraient à une longueur de colonne les unes des autres dans la ligne, si elles mettaient en panne en y arrivant. Pour que l'ordre soit entièrement formé, quand la colonne du vent arrivera dans la ligne, il faudra que la colonne du centre ait parcouru une longueur de colonne sur la ligne de bataille, et que la colonne sous le vent en ait parcouru deux. Ainsi, pendant toute l'évolution la colonne du vent aura parcouru quatre longueurs de colonne. — La colonne du centre aura parcouru trois longueurs decolonnes, et la colonne sous le vent aura parcouru deux longueurs de colonne. —Ces rapports dans les che-mins à parcourir peuvent guider sur la vitesse que les vaisseaux doivent avoir pendant l'évolution, suivant les colonnes auxquelles ils appartiennent.

Note 6. (page 70.) Voir la note 9. — Les règles données aux colonnes pour évoluer dans l'évolution de la page 77, peuvent servir dans celle-ci.

Note 7. (page 72.) Des 3 col au P. P. à l'ordre de bataille, même bord. La colonne sous le vent à l'avant-garde. — On a dû chercher, dans l'exécution de cette évolution, à concilier la promptitude de la formation avec l'avantage de conserver l'armée au vent autant que possible. — Pour que les colonnes du vent ne perdissent pas au vent, il faudrait qu'elles ne laissassent porter que de deux quarts. On a ajouté deux quarts pour accélérer la formation.

L'angle dont les vaisseaux doivent laisser porter étant de quatre quarts, chacune des colonnes doit commencer son mouvement quand le chef de file relève le serre-file de la colonne sous le vent à lui, un peu en avant du lit du vent. Car sa route faisant un angle de six quarts avec cette direction, les deux vaisseaux doivent arriver en même temps au point B. — La modification (un peu en avant du lit du vent) est pour la différence des vitesses largue et au P. P.

Note 8. (page 73.) Si la seconde colonne ou colonne du centre ne commence son évolution qu'au moment où celle du vent a terminé le sienne, comme l'indique la tactique, la distance CA entre le vaisseau de tête de cette colonne et le serre-file de celle du vent, serait plus considérable qu'elle ne doit l'être. Car $AC = 1/2\, l$ dans le triangle ABC ou $A = 4\, q.$, et $AB = 0,414\, l$. Il semble, au contraire, que B doit virer quand il arrive sur la ligne de bataille. Car de B en A il parcourt $BC + CA = 0,41\, l + 0,55\, l = l$ sensiblement.

Il faut observer cependant que $BC + CA$ est un peu plus petit qu'une longueur de colonne; que, d'ailleurs, dans la pratique, la colonne du vent se développe un peu sur l'arrière du point A. La colonne du centre doit donc diminuer un peu de voiles ou ne commencer son mouvement qu'au delà de la direction de la ligne de bataille.

Note 9. (page 76.) Des 2 ou 3 colonnes à l'ordre de bataille à l'autre bord, la colonne sous le vent à l'avant-garde. — La ligne du P.P. passant par le milieu de la colonne sous le vent, est celle sur laquelle doit venir s'établir l'armée. — Le moment où le chef de file de la colonne du centre doit commencer son mouvement, est arrivé, quand, ayant continué sa bordée, il se trouve à une distance du point A où la colonne sous le vent évolue, égale à NA, distance que le serre-file de cette dernière colonne doit encore parcourir avant d'évoluer. NAC est isoscèle. Or N = 2 q. NCA sera de 2 q. et BCA 4 q. Ce qui donne pour CA un peu moins de 1/2 *l*, et la même valeur pour NA = CA. C'est-à-dire que quand C commence son mouvement, le serre-file de la colonne sous le vent doit avoir dépassé un peu le centre de sa col. et par conséquent le chef de file y être déjà rendu. Ainsi on a pu établir pour règle que le chef de file C doit commencer son mouvement quand il relève le chef de file de la colonne sous le vent à 4 q. de son arrière, ou, ce qui revient au même, à 6 q. sous le vent de la nouvelle ligne du P.P. ; car MNP = 6 q.

La colonne du vent ne peut pas suivre la même règle car le mouvement de la colonne du centre n'est pas le même que celui de la colonne sous le vent. — Le chef de file de cette colonne doit laisser porter en D de manière que D C = ce qui reste au serre-file du centre pour arriver au point C. Il doit pour cela relever le point C où s'exécute le mouvement de la colonne du centre, suivant CA ou à 4 q. de son aɪrière : il se trouve alors dans les eaux de la partie de la colonne du centre qui a viré.

Les vaisseaux doivent avoir soin de diminuer de voiles pendant qu'ils sont largue, sans quoi la ligne s'engorgerait.

Note 10. (page 77.) Des 3 colonnes à la ligne de bataille à l'autre bord, la colonne sous le vent à l'a-vant-garde. — La colonne du centre doit continuer sa route jusqu'à ce que le serre-file soit en un point O, tel que $DO + OV = EH + HV$, abstraction faite des viremens de bord. $DV =$ à peu près HV. 2. $OD = EH$. $OD = 1/2\,l$. Arrivé en O le vaisseau D doit revenir sur ses pas. Dans ce moment E est arrivé en $P.$, milieu de EH, et les deux vaisseaux D et E sont par le travers. D est supposé avoir viré. Il a dû commencer son virement avant d'avoir E par le travers. S'il a envoyé quand il le relevait à 4 q. en I, Q étant le milieu de la colonne du centre $QI = PI$. L'angle $PQI = 6$ q. PQ est le lit du vent.

Note 11. (page 88.) Le chef de file A de la colonne du centre devant être établi à l'autre bord quand il sera par le travers du chef de file de la colonne du vent, AC sera $= 0,41\,l$. Car $AB + BC = l$. $AC = BC$. $2AC^2 = BA^2$. $BA = AC\sqrt{2}$. $AB + AC = l. = AC$.

$$(\sqrt{2} + 1).\ AC = \frac{l}{\sqrt{2} + 1} = 0,41 \text{ de } l, \text{ ce qui est}$$

la distance voulue entre les colonnes.

Quand un vaisseau veut venir prendre poste par le travers d'un navire qui tient le plus près à contrebord, avec une vîtesse égale à la sienne, il doit envoyer vent-devant de 4 à 5 encâblures et 1/2 avant d'arriver par son travers ; car le second vaisseau parcourt cette distance dans le temps que le premier fera son évolution. C'est ce dont on peut s'assurer par les tables qui donnent les durées d'évolutions et le chemin parcouru pendant un nombre donné de minutes.

On verra, en outre, que si l'on doit virer lof pour lof, il faut commencer le mouvement à une distance plus forte d'une encâblure. (Voyez : *Aperçu sur la durée des évolutions* , par M. Charner, lieutenant de vaisseau.)

Note 12. (page 89.) Les deux chefs de file A et C venant ensemble au vent, AB sera exactement la distance qui doit exister entre les colonnes. Car dans ABC ou AC $= l$, et C $=$ 2 q. on a AB $=$ 0,41 de l (Note 1).

Note 13. (page 93.) Pour que le chef de file le plus sous le vent prenne aussi promptement que possible le poste C qu'il doit occuper par le travers de A à la distance AC $=$ AB, il doit suivre BC qui fait , avec AB, l'angle ABC $=$ 8 q.— 1/2 CAB $=$ 8 q.— 1/4 V, au lieu de ne venir au vent que peu à peu.

Note 14. (page 99.) En rectifiant l'ordre de cette manière l'armée se maintient dans le vent plus que si elle avait rétabli l'ordre par la méthode de la page 98. Mais elle aurait gagné davantage en rectifiant par la contre-marche, et l'évolution, plus simple d'ailleur, serait plus promptement achevée. C'est ce qu'il est facile de démontrer en construisant les 2 évolutionss et estimant les durées d'évolution et ce que l'armée aurait gagné ou perdu dans chaque cas. Cette méthode de rectification ne paraît donc avoir été adoptée que pour pouvoir maintenir l'armée dans une direction qui peut être favorable aux desseins de l'amiral.

Note 15. (page 102.) Pour que l'ordre fût rectifié sans altération dans les distances, il faudrait que tous les vaisseaux se missent en route parallèlement à une direction qui ferait avec la route de l'armée un angle égal à 1/2 V. Les vaisseaux ne reviendraient en route que quand l'ordre serait rectifié.

Note 16. (page 104.) L'armée peut se former sur AC ou sur BI. Mais l'une et l'autre de ces deux lignes sont moins longue que BC dans le rapport de 4 q. — V à 4 q. Quand la variation est plus grande que 2 q., la rectification se fait par le premier moyen ; parce que les vaisseaux, en se rangeant successivement grand largue sur CO, étendent la ligne. — Si la variation était moindre que 2 q., BI différerait assez peu de BC pour que l'armée pût s'y ranger en se formant sur le vaisseau de tête qui forcerait de voiles tandis que le vaisseau de queue diminuerait sa vitesse.

Note 17 (page 105) — En rectifiant l'échiquier de cette manière la ligne BC devient BA. Le rapport des longueurs de ces 2 lignes est donné par la proportion AB : BC :: sin. 12 q. — V : sin. 4 q. :: sin. 4 q. ┼ V : sin. 4 q. La ligne de bataille aurait donc pris beaucoup d'extension après l'évolution si les vaisseaux de gauche, après être arrivés dans la ligne de relève ment, ne s'avançaient pas vers le point A. — Cependant, à cause du chemin que le dernier vaisseau doit parcourir avant d'être dans la ligne, les autres vaisseaux qui courent largue doivent se tenir sous petite voilure.

Note 18. (page 83.) Cette évolution ne pourrait être exécutée en suivant à la lettre les règles données par la tactique . d'abord, parce que les vaisseaux de la colonne de B. ne peuvent arriver dans la ligne ayant entr'eux la distance prescrite sans venir de 4 quarts sur B.; ensuite, parce que le serre-file de la colonne du centre, en venant de 2 q. sur B., le met dans les eaux du chef de file de la col. de gauche, etc. . . .

L'exécution de ce mouvement doit donc être laissée au coup d'œil: Les règles de la tactique servant d'indications générales.

La deuxième escadre, au lieu d'être à droite, peut être à gauche. Voici la règle générale donnée par les anciennes tactiques.

Si la deuxième escadre est à droite, l'armée doit, en venant sur T., se trouver en ordre naturel quand l'évolution est terminée.

Si la deuxième escadre est à gauche, l'armée doit se trouver en ordre naturel en venant sur B.

Note 19. (page 61.) De l'ordre de front à la ligne de bataille. — En ne considérant que le vaisseau extrême, l'angle dont il doit laisser porter pour venir sur la ligne de bataille, est égal à la moité de l'angle au sommet du triangle isoscèle formé par les deux

11

lignes de relèvement et la route qu'il suit pendant l'é-
volution. Cet angle au sommet est égal, lui-même, à
6 quarts moins le complément de l'angle du vent et de
la route (nommons A l'angle du vent et de la route).
L'angle au sommet $= 6$ q. $— (8$ q. $— $ A $) = $ A $—$ 2 q.
L'angle dont le vaisseau extrême a dû laisser porter,
étant la moitié de l'angle au sommet, aura pour valeur 1 2 A $—$ 1 quart.

Note 20. (page 94.) Rétablir les 3 colonnes quand
le vent a refusé. — La distance entre les colonnes se
trouve nécessairement altérée après l'évolution. Elle
est diminuée dans le rapport de 1 au cos. de la variation
du vent. Les 3 colonnes devront donc s'écarter un
peu, après que l'ordre aura été rétabli dans chacune
d'elles.

Si le vent variait de plus de 4 quarts, les vaisseaux,
après avoir obéi au vent, vireraient tous à la fois, à
l'exception des trois chefs de file, et l'ordre se rec-
tifierait dans chaque colonne par la méthode de la
page 96. — Les col. auraient besoin de s'écarter l'une
de l'autre après l'évolution, et celles du centre et du
vent auraient à forcer et à augmenter de voiles pour
prendre poste par le travers de celle sous le vent qui
devra en diminuer.

Note 21. (page 96.) Rétablir l'ordre de bataille par
la deuxième méthode, les vents ayant refusé. — Les
distances entre les vaisseaux auront d'autant plus varié qu'il y aura plus de différence entre ABC et 8 q.
— v/2. Or CAM $=$ 12 q. $=$ C $+$ B d'où B $=$ 12 q.
— v. La différence entre cet angle et 8 q. — 1/2 v

est égale a 4 q. —1/2 v. Il faudrait donc que la variation fût de 8 q. pour que les distances n'eussent souffert aucune altération. — C'est pour corriger cette différence que les vaisseaux ne mettent en panne qu'après avoir couru sur AC de manière à se rapprocher du vaisseau de tête.

Note 22. (page 74.) Des 3 colonnes à la ligne de bataille à l'autre bord, la colonne du vent à l'avant-garde. — Dans un virement de bord lof pour lof par la contre-marche, le chef de file de chaque colonne vient au lof à peu près où était le centre de la colonne avant le mouvement.

Si par le centre de la colonne du vent, on mène une ligne du P.P. de l'autre bord que les amures actuelles, l'armée devra venir se ranger sur cette ligne, et chaque colonne commencera son mouvement au moment où son centre se trouvera sur cette ligne.

Quand le milieu de la colonne du centre est sur cette ligne, cette colonne a parcouru un peu moins de demi-L. Le chef de file de la colonne du vent ayant parcouru la même distance, est à peu de distance du point O. Le triangle MNC est sensiblement isoscèle; car OC ou MC égale 1/2L (voir les propriétés de l'ordre sur 3 colonnes). MN est alors la perpendiculaire au vent.

On remarquera, en suivant le mouvement des colonnes, que le chef de file du centre arrivera en O à peu près en même temps que le serre-file de la colonne du vent.

TABLES.

USAGE DES TABLES.

La table n° 1 donne l'éloignement de l'horizon, suivant l'élévation en pieds à laquelle on se trouve, et doit servir à déterminer l'éloignement d'un bâtiment dont une partie se trouve noyée au-delà de l'horizon, bâtiment dont on est supposé cependant connaître les dimensions.

Prenons, par exemple, une frégate aperçue à l'horizon et dont la voilure est noyée jusqu'aux basses vergues. Le point d'où on l'observe est la grande hune d'un vaisseau de 80 ; la première hauteur est de 72 pieds, la seconde de 85. Les distances de l'horizon, pour ces deux hauteurs, sont de 9 milles 3 dixièmes et de 10 milles, ce qui fait 19 milles 3 dixièmes pour la distance des deux navires. Il y a bien une erreur due à la réfraction ; mais l'approximation avec laquelle le résultat précédent est obtenu, est très suffisante pour le but qu'on se propose.

Cette table est poussée jusqu'à 180 pieds, élévation extrême du point de la mâture d'un vaisseau où l'on peut envoyer une vigie, point d'où l'on découvre à 15 mille environ. Ce qui permet d'apercevoir l'extrémité de la mâture d'un autre vaisseau à 30 milles par un temps convenable.

Les tables 2 et 3 servent à déterminer la distance qui vous sépare d'un bâtiment, au moyen de la hauteur angulaire de la mâture : elles sont calculées jusqu'à six encâblures et demie, distance au-delà de laquelle les deux angles, sous lesquels on mesure la mâture, sont trop petits pour mériter quelque confiance.

La première de ces deux tables est calculée pour les bâtimens français, et ne doit par conséquent servir que pour la navigation en escadre. Aussi n'a-t-il pas été nécessaire de l'étendre jusq'vaux corvettes et aux bricks. Il a paru convenable de donner les hauteurs angulaires pour les capelages de perroquets et les barres.

La seconde de ces tables, calculée pour les bâtimens anglais, doit servir dans une chasse, dans un combat, peut-ê.re aussi dans une escadre. On a dû l'étendre jusqu'aux corvettes et aux bricks. Les dimensions des mâtures ont été prises dans le rapport fait, en 1832, par une commission nommée après l'escadre combinée de l'Escaut, pour établir des points de comparaison entre les marines française et anglaise. Les dimensions des bâtimens français ont été prises à Toulon, sur les vaisseaux le *Montebello*, l'*Algésiras*, le *Nestor*, les frégates l'*Ip higénie*, l'*Artémise* et la *Galathée*. Les dimensions exactes des vaisseaux de 90 et de 100 nous ont manqué. Ces angles sont toujours calculés dans la proportion 1 : tang. de l'angle :: la distance des deux navires : la hauteur de la mâture.

Nous donnerons, plus loin, la construction d'un

instrument destiné à déterminer, dans un combat ou dans une escadre, la distance à laquelle on se trouve d'un bâtiment, sans avoir besoin de mesurer avec un instrument à réflexion la hauteur angulaire de sa mâture.

Les tables 4, 5 et 6 sont empruntées de l'ouvrage de M. Charner, déjà cité, et servent à déterminer la durée des évolutions. Pour en faire comprendre de suite l'usage, fort simple d'aileurs, prenons un exemple.

Une armée de dix vaisseaux navigue à une encâblure de distance, filant six nœuds, et exécute l'évolution de la page 76, c'est-à-dire passe des deux colonnes à la ligne de bataille, à l'autre bord, la coonne sous le vent à l'avant-garde, les colonnes virant vent-arrière par la contre-marche. — La durée de cette évolution est un virement lof pour lof $+ L + 1/2 \, l$ parcourus au P. P.

Dans la table 6, la durée du virement lof pour lof, est de 7^{m}.

L est donnée dans la table 4. Elle est de 1400 toises pour dix vaisseaux à une encâblure; l est 650 toises pour cinq vaisseaux. Par conséquent, $L + 1/2 \, l$ est de 1725 toises. — Avec cette valeur, qui indique l'espace à parcourir au P. P. pour que le nouvel ordre soit formé, on va à la table 5; et dans la colonne en tête de laquelle il y à six nœuds, on cherche le nombre 1725 ou celui qui en approche le plus. — Il tomberait, dans ce cas-ci, entre 1710 et 1805. — Et, par conséquent, il faudrait de 18 à 19 minutes pour parcourir cette distance en filant six nœudt. Ces 18 minutes, ajoutées à la durée du viremens de bord vent-arrière, donnent la durée totale de l'évolution ou 25^{m}.

Si le nombre 1725 ne s'était pas trouvé dans la table 5, telle qu'elle est donnée ici, on en aurait pris la moitié, le tiers, le quart, afin de rentrer dans les limites de la table, et on aurait doublé, triplé, quadruplé le nombre des minutes correspondant. Si l'armée n'avait filé qu'un nœud et demi, par exemple, on aurait pris le quart de 1725 ou 431, et on aurait quadruplé les 13 minutes correspondantes, ce qui donnerait 72 minutes, c'est-à-dire une heure et quart pour exécuter l'évolution; plus la durée du virement vent-arrière.

CONSTRUCTION D'UN INSTRUMENT

PROPRE A MESURER LES DISTANCES.

—

On s'est moins attaché, dans la construction dé cet instrument, à obtenir une grande précision, qu'à réunir la simplicité de l'usage et de la construction à une approximation qui soit suffisante pour les circonstances ordinaires de la navigation.

L'instrument auquel, faute de mieux, nous donnerons le nom de *cabluromètre* (ou mesure des distances en encâblures), consiste en un tube de 90 millimètres de long, avec un tirant d'égale longueur. A l'extrémité du tube est pratiquée une fenêtre de 20 millim. de hauteur sur 4 ou 5 de largeur, avec une coulisse qui l'ouvre et la ferme à volonté. Les côtés de la fenêtre sont gradués de millimètre en millimètre, de manière à ce qu'on puisse l'ouvrir d'un nombre donné de millimètres depuis o jusqu'à 20.

Le tirant est percé d'un trou très petit, trou par lequel on vise sur l'objet dont on veut avoir la distance.

Une division de la fenêtre répond à 10 pieds d'élévation. Pour déterminer quelle longueur doit avoir le tube quand un objet de dix pieds de haut est à une encâblure, la fenêtre ouverte d'un millimètre, on a établi la proportion.

Longueur du tube : 1 encâblure :: 1 millim. : 10 pieds. Ce qui donne 60 mllim. de longueur pour le tube.

En donnant 90 millim. de longueur au tube, on prend une encâblure et demie ponr point de départ; et le tirant étant de la même longueur que le tube, les distances sont données jnsqu'à 3 encâblures.

Au delà de 3 encâblures, on pourra obtenir les distances en faisant exprimer à chaque division de la fenêtre 20 pieds au lieu de 10. On les aura enfin de 6 encâblures à 12 en donnant 40 pieds pour valeur à chaque division, etc.

Au-dessous de 1 encâblure et demie, il est difficile d'embrasser toute une mâture. Alors on peut prendre une partie de la mâture dont on connaisse la dimension, et faire exprimer à chaque division 5 pieds au lieu de 10. La lunette donnera alors les distances, depuis 3 quarts d'encâblure jusqu'à une encâblure et demie.

En comparant les résultats donnés par cet instrument et ceux obtenus par un sextant, j'ai trouvé que jusqu'à 3 encâblures les erreurs n'allaient guère qu'à un huitième d'encâblure, approximation suffisante, ce me semble, en toute circonstanee. Les erreurs possibles augmentent avec les distances, mais sont aussi de moins de conséquence.

Le tirant de l'instrument est divisé de 1 encâblure et demie à 3 encâblures, en dixièmes d'encâblure, ce qui donue 6 millimètres pour chaque division.

Pour faire comprendre l'usage de l'instrument, prenons un exemple

Une frégate de 52 est à 5 encâblures environ. La hauteur du capelage de grand perroquet est 149 pi., comme il est indiqué par la table. Nous ouvrirons la fenêtre jusqu'à 7 divisions et demie, de manière à ce que chaque division représente 20 pieds. — Puis, par le petit trou dont le tirant est percé, et par la fenêtre du tube nous regarderons la mâture, faisant jouer le tirant jusqu'à ce que l'arète inférieure de la fenêtre se confondant avec la ligne d'eau, l'arète supérieure soit par le capelage de perroquet. Le tirant donnant 2 encâblures et 4 dixièmes; le double, ou 4 encâblures 8 dixièmes, sera la distance cherchée.

L'habitude nécessaire pour se servir promptement de ce petit instrument, est facile à prendre.

La construction en est fondée sur les mêmes principes (similitude de triangles) que plusieurs autres qui ont été indiqués récemment; mais ,quoiqu'il ne présente pas la même précision il me paraît préférable à cause de sa simplicité d'usage et la facilité qu'on a pour l'avoir toujours avec soi (1).

---

(1) J'en ai fait exécuter un, à Toulon, par M. Jouglas, pticien, sur le Port; il l'a exécuté avec intelligence.

TABLE.

—

FIN DE LA TABLE.

TABLE I.

Élévations en pieds et distances correspondantes.

ÉLÉVATION.	DISTANCE.	ÉLÉVATION.	DISTANCE.	ÉLÉVATION.	DISTANCE.	ÉLÉVATION.	DISTANCE.
2	1.5	48	7.6	94	10.6	140	13.0
4	2.2	50	7.7	96	10.7	142	13.0
6	2.7	52	7.9	98	10.8	144	13.1
8	3.1	54	8.1	100	10.9	146	13.2
10	3.5	56	8.2	102	11.0	148	13.3
12	3.8	58	8.3	104	11.2	150	13.4
14	4.1	60	8.5	106	11.3	152	13.5
16	4.4	62	8.6	108	11.4	154	13.6
18	4.6	64	8.8	110	11.5	156	13.7
20	4.9	66	8.9	112	11.6	158	13.8
22	5.1	68	9.0	114	11.7	160	13.9
24	5.3	70	9.2	116	11.8	162	14.0
26	5.6	72	9.3	118	11.9	164	14.1
28	5.8	74	9.4	120	12.0	166	14.2
30	6.0	76	9.5	122	12.1	168	14.3
32	6.2	78	9.7	124	12.2	170	14.3
34	6.4	80	9.8	126	12.3	172	14.4
36	6.6	82	9.9	128	12.4	174	14.4
38	6.7	84	10.0	130	12.5	176	14.5
40	6.9	86	10.1	132	12.6	178	14.6
42	7.1	88	10.2	134	12.7	180	14.7
44	7.3	90	10.4	136	12.8		
46	7.4	92	10.5	138	12.9		

TABLE II. — BATIMENS ERANÇAIS.

DISTANCE. en encâb.	Vaisseaux à 3 ponts et de 8o.		Vaisseaux de 74 et grand. frég.		Frégates de 52.		Frégates de 44.	
	173	140	160	130	148.	118	140	110
1l2	29.50	24.52	28.04	23.26	26. 6	21.55	25.18	20.07
1	16.00	13.03	14.56	12.14	13.51	11.22	13.35	10.26
1 1l2	10.49	8.47	10.05	8.13	9.20	7.37	8.56	7.01
2	8.09	6.36	7.36	6.11	7.02	5.34	6.43	5.13
2 1l2	6.32	5.18	6.05	4.57	5.38	4.35	5.22	4.11
3	5.28	4.25	5.06	4.08	4.42	3.49	4.29	3.28
3 1l2	4.41	3.47	4.21	3.33	4.02	3.16	3.50	2.59
4	4.06	3.19	3.49	3.06	3.32	2.49	3.21	2.36
4 1l2	3.39	2.57	3.23	2.45	3.08	2.33	3.00	2.19
5	3.17	2.39	3.03	2.29	2.49	2.18	2.42	2.05
5 1l2	2.59	2.25	2.47	2.15	2.34	2.05	2.27	1.54
6	2.44	2.13	2.23	2.04	2.21	1.55	2.15	1.44
6 1l2	2.32	2.02	2.21	1.55	2.10	1.46	2.05	1.37

TABLE III. — BATIMENS ANGLAIS.

Distances en encabl.	Vaiss. à 3 ponts et de 80.	Vaisseaux de 74 et vaiss. rasés de 50.	Frégates de 52.	Frég. de 46 ou frég. rasées de 26.	Corvettes et grands bricks.	Petits bricks.
	158ᵇ	147	140	123	95	77
1|2	27.46	26.06	25.01	22.17	17.34	14.24
1	14.45	13.46	13.08	11.35	9.00	7.19
1 1|2	9.57	9.16	8.51	7.46	6.01	4.53
2	7.30	6.59	6.39	5.51	4.32	3.40
2 1|2	6.01	5.36	5.20	4.41	3.37	2.56
3	5.01	4.40	4.27	3.55	3.01	2.27
3 1|2	4.18	4.01	3.48	3.21	2.35	2.06
4	3.46	3.50	3.20	2.56	2.16	1.50
4 1|2	3.24	3.07	2.58	2.36	2.01	1.38
5	3.01	2.48	2.40	2.21	1.49	1.28
5 1|2	2.45	2.33	2.26	2.08	1.39	1.20
6	2.31	2.20	2.14	1.55	1.30	1.14
6 1|2	2.19	2.09	2.03	1.48	1.23	1.08
7	2.09	2.00	1.55	1.41	1.18	1.03

TABLE IV.

Indiquant la longueur de la ligne ou celle d'une colonne.

Nombre des vaiss.	Intervalle de 200 toises.	Intervalle de 100 toises.	Intervalle de 50 toises.	Les vaiss. beaupré sur poupe.
1	50	50	50	50
2	300	200	150	100
3	550	350	250	150
4	800	500	350	200
5	1050	650	450	250
6	1300	800	550	300
7	1550	950	650	350
8	1800	1100	750	400
9	2050	1250	850	450
10	2300	1400	950	500
11	2550	1550	1050	550
12	2800	1700	1150	600
13	3050	1850	1250	650
14	3300	2000	1350	700
15	3550	2150	1450	750
16	3800	2300	1550	800
17	4050	2450	1650	850
18	4300	2600	1750	900
19	4550	2750	1850	950
20	4800	2900	1950	1000

Servant à trouver le nombre de minutes

M.	1.0	1.5	2.0	2.5	3.0	3.5	4.0	4.5
1	16	24	32	40	48	55	63	71
2	32	48	63	79	95	111	127	143
3	48	71	95	119	143	166	190	214
4	63	95	127	158	190	222	253	286
5	79	119	158	198	238	277	317	356
6	95	143	190	238	285	333	380	427
7	111	166	222	277	333	388	443	499
8	127	190	253	317	380	443	507	570
9	143	214	285	356	428	499	570	641
10	158	238	317	396	475	554	633	713
11	174	261	348	435	523	610	697	784
12	190	285	380	475	570	665	760	855
13	206	309	412	515	618	720	823	926
14	222	333	443	554	665	776	887	998
15	238	356	475	594	713	831	950	1069
16	253	380	507	633	760	887	1013	1140
17	269	404	538	673	808	942	1077	1211
18	285	428	570	713	855	998	1140	1283
19	301	451	602	752	903	1053	1203	1354
20	317	475	633	792	950	1108	1267	1427

V.

correspondant à la distance et au sillage.

5.0	5.5	6.0	5.5	7.0	7.5	8.0	8.5
79	87	95	103	111	119	127	135
158	174	190	206	212	238	253	269
238	261	285	309	333	356	380	404
317	348	380	412	443	475	507	538
396	435	475	515	554	594	633	673
475	523	570	618	665	713	760	808
554	610	665	720	776	831	887	942
633	697	760	823	887	950	1013	1077
713	784	855	926	998	1069	1140	1211
792	871	950	1029	1108	1188	1267	1346
871	958	1045	1132	1219	1306	1393	1480
950	1045	1140	1235	1330	1425	1520	1615
1029	1132	1235	1338	1441	1544	1647	1750
1108	1219	1330	1441	1552	1663	1773	1884
1188	1306	1425	1544	1663	1781	1900	2019
1267	1393	1520	1647	1773	1900	2027	2153
1346	1480	1615	1750	1884	2019	2153	2288
1425	1568	1710	1853	1995	2138	2280	2423
1504	1655	1805	1955	2106	2256	2407	2557
1583	1742	1900	2058	2217	2375	2533	2692

TABLE VI.

Temps qu'un vaisseau de 80 emploie à virer de bord.

VITESSE en nœuds.	Temps écoulé depuis le commencement de l'évolution jusqu'au moment où les voiles d'av. sont masquées.	TEMPS. du virement de bord vent-devant.	TEMPS du virement de bord lof pour lof.
2. 5.	2 m. 30 s.	10 m. 00 s.	13 m. 00 s.
3. 0.	1 m. 52 s.	9 m. 22 s.	12 m. 00 s.
3. 5.	1 m. 33 s.	8 m. 07 s.	11 m. 00 s.
4. 0.	1 m. 30 s.	7 m. 30 s.	10 m. 00 s.
4. 5.	1 m. 30 s.	6 m. 50 s.	9 m. 10 s.
5. 0.	1 m. 20 s.	6 m. 15 s.	8 m. 30 s.
6. 0.	1 m. 15 s.	5 m. 00 s.	7 m. 00 s.
7. 0.	1 m. 15 s.	5 m. 00 s.	6 m. 30 s.

(1) Pour trouver approximativement le temps qu'un vaisseau autre que celui de 80, qu'une frégate ou un bâtiment quelconque de dimension connue, emploierait à virer, il faudrait multiplier les nombres donnés par cette table, par le rapport de la longueur du vaisseau de 80, à celle du bâtiment dont il s'agirait.

www.ingramcontent.com/pod-product-compliance
Ingram Content Group UK Ltd.
Pitfield, Milton Keynes, MK11 3LW, UK
UKHW022352090726
13658UKWH00002B/609